Renzo Rosso

MACH DOCH MAL WAS VERRÜCKTES

Be stupid –
die Erfolgsphilosophie
des **DIESEL**-Gründers

FBV

Bibliografische Information der Deutschen Nationalbibliothek
Die Deutsche Nationalbibliothek verzeichnet diese Publikation in der
Deutschen National-bibliografie, detaillierte bibliografische Daten sind im
Internet über http://d-nb.de abrufbar.

Für Fragen und Anregungen:
rosso@finanzbuchverlag.de

1. Auflage 2012

© 2012 FinanzBuch Verlag,
ein Imprint der Münchner Verlagsgruppe GmbH
Nymphenburger Straße 86
D-80636 München
Tel.: 089 651285-0
Fax: 089 652096

© 2011 RCS Libri S.p.A., Milan
All rights reserved.

Übersetzung: Karin Schuler
Lektorat: Marion Reuter
Satz: Georg Stadler, München
Druck: CPI – Ebner & Spiegel, Ulm

ISBN Print 978-3-89879-698-9
ISBN E-Book (PDF) 978-3-86248-335-8

INHALT

VORWORT

von Guido Corbetta
Ordentlicher Professor für Unternehmensstrategie an der Università Bocconi, Mailand

Ich muss zugeben, dass meine Sympathien den Unternehmern gelten, jenen Menschen, die ihr Geld aufs Spiel setzen, um sich einen Traum zu verwirklichen. Ich bewundere ihre Entschlusskraft, ihre Bereitschaft, hart zu arbeiten, ihr Talent, anderen immer einen Schritt voraus zu sein, ihre Entschlossenheit, nie auf Nummer sicher zu gehen und die Möglichkeit des Scheiterns zu akzeptieren. Sie sind mir sympathisch, weil sie einen konkreten Beitrag zur Verbesserung der Welt leisten, in der wir leben.

Renzo Rosso ist ein echter Unternehmer, der in nicht viel mehr als 30 Jahren eine internationale Firmengruppe aufgebaut hat, noch dazu in einem Bereich, in dem die Amerikaner noch immer führend zu sein schienen. Er hat dies durch Versuch und Irrtum erreicht, ausgehend von der Überzeugung, dass »es nicht zu Innovationen führt, wenn man auf Sicherheit spielt – mit dem Risiko kommt auch der Fortschritt«. In diesem Buch finden sich viele Geschichten, die seine Philosophie erklären, und jeder Leser wird sich von dem einen oder anderen Aspekt angesprochen fühlen. Ich persönlich fand Rossos Idee, einen wichtigen Werbepreis in Cannes zusammen mit vier Mitarbeitern mit Rosso-Gummimasken vor dem Gesicht entgegenzunehmen, »genial dumm«. Ich habe mir vorgestellt, wie sehr die vier Mitarbeiter über diese großzügige Geste, mit der er den Preis teilte, gestaunt haben müssen – vom Publikum ganz zu schweigen. Eine solche Geste zählt mehr als tausend Worte, wenn es darum geht, eine Gemeinschaft motivierter Menschen zusammenzuschweißen, die fest entschlossen sind, auch noch das ehrgeizigste Ziel zu erreichen!

Renzo Rosso ist eigentlich nicht dumm, er ist niemand, der, wie es das Lexikon sagt, »sehr geringe Intelligenz besitzt oder zeigt«. Der englische Begriff »stupid« und das italienische »stupido« haben dagegen eine gemeinsame lateinische Wurzel in dem Wort »stupor«, das nicht nur Dummheit, sondern auch Staunen bedeutet. Deshalb ist mir klar, warum Rosso schreibt: »Wenn die Werbekampagne ›Be stupid‹ irgendwann endet, wird die Philosophie, die sie inspiriert hat, in der DNA von Diesel erhalten bleiben.« Diese Philosophie lehrt die Menschen, über das, was geschieht, zu staunen und andere zum Staunen zu bringen. Wenn man nicht staunt, hat man alles schon gesehen, schon getan, alles wird Routine. Manchmal sind uns die Dinge, die uns staunen lassen, nicht unbedingt angenehm, aber eine intelligente Provokation kann unser Herz und unseren Geist berühren und uns helfen, nachzudenken –

auch über schwierige gesellschaftspolitische Themen. Renzo Rosso hat es geschafft, diese Philosophie auch seinen sechs Kindern zu vermitteln.

Der Brief, den drei von ihnen (Andrea, Stefano und Alessia) geschrieben haben und der im Buch abgedruckt ist, ist eine dankbare Hommage an ihre Familie, in der sie mit ländlich-traditionellen Werten aufgewachsen sind, aber auch mit einer »einzigartigen internationalen, aufgeschlossenen Weltsicht, ohne falsche Ehrfurcht vor Autoritäten und mit einem starken Sinn für Humor – mit einem Wort: *stupid!*«.

Und wie ihr Vater hatten auch sie eine »genial dumme« Idee: den Diesel-Fans überall auf der Welt einen Tag lang ein Produkt zu einem sehr niedrigen Preis zu »schenken«, um das 30-jährige Bestehen der Marke zu feiern.

Diese Fähigkeit, die ererbten Werte zu erneuern, ist eines der großen Geheimnisse, die das Fortbestehen von Familienunternehmen sichern. Nicht nur seinen Kindern konnte Renzo Rosso diese Philosophie nahebringen, sondern auch den Menschen, die mit ihm arbeiten. Das Buch steckt voller Beispiele von Designern, Werbeagenturen und anderen Geschäftspartnern, die »sich bis an ihre Grenzen wagen, ohne einen Absturz zu riskieren«, die gelernt haben,

11

zu staunen und zum Staunen zu bringen. Mit diesem Buch will Renzo Rosso seine vielen potenziellen Leser ansprechen und ihnen die Lebensphilosophie darlegen, auf der sein unternehmerischer Erfolg beruht. Jede Firmengeschichte hat ihre Besonderheiten, und der Erfolg ist immer das Ergebnis jeweils verschiedener Faktoren, doch mir scheint, dass man auf diesen Seiten eine wichtige Wahrheit findet, ohne die ein Unternehmer nicht werden oder wachsen kann: Manchmal muss man Entscheidungen treffen, die in normalen Firmen als dumm gelten würden. Würden Sie Ihr erstes Geschäft in den USA ausgerechnet in New York und noch dazu genau gegenüber einem Laden des amerikanischen Konkurrenten aufmachen, der praktisch für die Geschichte Ihres Produktes steht? Renzo Rosso hat es getan, und es war ein großartiger Erfolg.

Guido Corbetta

ES GIBT VIELE GRÜNDE, DUMM ZU SEIN

In der Geschichte von Diesel hat es viele Werbekampagnen gegeben. Jede hat wenigstens eine Facette dieser Marke zum Ausdruck gebracht: sexy, provokant, exzentrisch, ironisch, manchmal beunruhigend, immer amüsant und darauf bedacht, die Intelligenz der anderen nicht zu unterschätzen.

Eines Tages aber starteten wir eine Kampagne unter dem Titel *Be Stupid*. Dahinter stand eine einfache Idee: Wir wollten unsere Art zu arbeiten und zu denken in ein Manifest verwandeln. *Be Stupid* heißt, all das zu tun, von dem vernünftige Menschen dir abraten: mutig zu sein, etwas zu wagen, an die Grenzen zu gehen, die Regeln zu brechen, dem Instinkt und dem eigenen Herzen zu folgen, etwas zu tun, weil man es gern tut, ohne an die möglichen Folgen zu denken, die dir alle vorhalten, um dich zu bremsen. Es war eine ganz tolle Idee, die bei den Fans unserer Marke wie auch bei den Kreativen auf der ganzen Welt unglaublich gut ankam.

Sehr schnell wurde mir klar, dass *Be Stupid* mehr war als nur eine Werbekampagne: Wie unser früherer Slogan *For Successful Living* spiegelten auch diese beiden Worte perfekt den Geist unseres Unternehmens wider. Auch meine Tochter Alessia schreibt in diesem Buch, dass *Be Stupid* mehr ist als ein Slogan: »Es ist das, was wir sind.«

Ich merkte, dass *Be Stupid* zu einer Lebensphilosophie werden konnte. Oder anders gesagt: In allen Dingen, die wir tun, sollten wir uns fragen, ob der Dummheitsfaktor hoch genug ist. Wagen wir wirklich diesen kühnen Schritt, der den ganzen Markt umwälzen könnte? Oder knicken wir ein und machen Kompromisse?

Da ich es nützlich finde, Erfahrungen zu teilen, habe ich beschlossen, das Konzept von *Be Stupid* und die Diesel-Geschichte in einem kleinen Buch zusammenzufassen. Auf diesen Seiten werden Sie von einigen entscheidenden Momenten in unserer Geschichte lesen, mit denen ich Ihnen zeigen will, dass wir sehr oft Entscheidungen getroffen haben, die normale Unternehmen dumm gefunden hätten. Was haben wir aus solchen Erfahrungen gelernt? Und welche Schlüsse können andere daraus ziehen?

Auf den nächsten Seiten werden Sie verschiedene Anekdoten finden, einige, die mich betreffen, andere, in denen auch meine Freunde eine Rolle spielen, meine Kollegen und sogar meine Familie. Die Kapiteltitel stammen aus der Werbekampagne *Be Stupid*.

Als Unternehmensgründer bin ich verantwortlich für die Berufswege vieler anderer Menschen, und ich

14

weigere mich, ohne guten Grund dumm zu sein. Diesel und Only the Brave, die Holding, zu der Diesel gehört, sind unabhängig: Es gibt keine nervösen Aktionäre, denen man Rechenschaft schuldig wäre. Aber ich respektiere meine Mitarbeiter zu sehr, um ihre Einkommensquelle aufs Spiel zu setzen. Von ihnen allen verlange ich nur, dass sie sich bis an ihre Grenzen wagen, ohne einen Absturz zu riskieren.

Ich wage es jetzt also, Ihnen das Buch *Be Stupid* vorzulegen: als einen Auszug aus der Geschichte unserer Firma, als Sprungbrett einer neuen Ideologie und, wie ich hoffe, als angenehme Lektüre.

Enjoy,

Renzo R.

DER KLUGE SIEHT DIE DINGE, WIE SIE SIND. DER DUMME SIEHT, WIE SIE SEIN KÖNNTEN.

/01

> **DER KLUGE SIEHT DIE DINGE, WIE SIE SIND. DER DUMME SIEHT, WIE SIE SEIN KÖNNTEN.**

Renzo und die Kaninchen

Kaum jemand weiß, dass ich auf einem Bauernhof groß geworden bin. Ich bin stolz auf meine Wurzeln und meine einfache, bodenständige Erziehung (die mich die wahren Werte im Leben, Respekt gegenüber anderen und Anstand gelehrt hat).

Der Hof meiner Eltern lag (und liegt noch immer) in Brugine, damals noch ein kleines Dorf in der Poebene, etwas mehr als hundert Kilometer vom heutigen Diesel-Sitz entfernt. Im Winter lebten wir im Nebel, im Dorf gab es nur zwei Fernseher (einen im Café und einen in der Sakristei) und nur ein einziges Auto für 2.000 Menschen. Wenn ich heute an eine der lustigsten Erinnerungen aus meiner Kindheit zurückdenke, sagt sie mir einiges über meinen späteren Werdegang. Ich liebte das Leben an der frischen Luft, aber auch das Lernen mit meinen Freunden. Einer von ihnen, Walter, der immer der Klassenbeste und gleichzeitig ein toller Typ war, schenkte mir eines Tages ein Kaninchen aus der Zucht seines Vaters. Wahrscheinlich dachte er, dass es bei uns in der Pfanne landen würde, aber ich war so fasziniert von der Zucht, dass ich mir alle Tricks seines Vaters erklären ließ. Ein paar Tage später entdeckte ich, dass das Kaninchen ein Weibchen und noch dazu trächtig war! Ich ging Maschendraht kaufen, nahm eine Zange und baute ein paar kleine Ställe mit einfachen Tränken (abgeschnittene und umgedrehte Plastikflaschen) und Futternäpfen für die Kaninchen. In anderthalb Jahren muss ich 150 von ihnen aufgezogen haben. Einen Teil konnte ich durchfüttern, die anderen verkaufte ich jeden Monat auf dem Markt, auf den ich meinen Vater begleitete. Ich sehe mich noch, ein kleiner Junge umringt von Erwachsenen, aber fest entschlossen, meine Ware nur an den Meistbietenden zu verkaufen. Ich hatte meine Verkaufstaktiken, und mein bestes Argument war, dass meine Kaninchen völlig natürlich aufgezogen wurden. Das Ergebnis? Mit zwölf Jahren war ich ein professioneller Züchter.

Es war, als sei mir plötzlich ein Licht aufgegangen: Plötzlich sah ich meine Zukunft vor mir! Durch diese ersten Erfahrungen als Unternehmer habe ich gelernt, dass man, wenn man ein gutes Produkt hat und wenn man bereit ist, hart und geduldig zu arbeiten, gutes Geld verdienen kann.

Die Sache mit den Kaninchen ist mir ein paar Jahre später wieder eingefallen, als ich ein noch besseres Produkt entdeckte.

Aber das ist eine andere Geschichte.

DER KLUGE SIEHT DIE DINGE, WIE SIE SIND. DER DUMME SIEHT, WIE SIE SEIN KÖNNTEN.

Die Strategie des Dummen

Die Geschichte eines Menschen hilft, seine Gegenwart besser zu verstehen. Wenn jemand auf einem Bauernhof lebt, wenn er Eltern hat, die ihm schlichte und bodenständige Werte mitgeben, wenn er seine Zeit nicht mit zu viel Fernsehen verschwendet (auch weil es kaum Fernseher gibt), wenn er großzügige Klassenkameraden hat, die Kaninchen verschenken, und jemanden, der erklärt, wie man sie züchtet, dann sind das alles gute Voraussetzungen, um eine Lebensmittelfirma zu gründen. Aber allein reichen sie noch nicht aus.

Man braucht auch den Geistesblitz, eine Alternative zum sofortigen Verzehr des Kaninchens zu sehen, die Neugier, zu fragen, wie man es aufzieht, die Intelligenz, die Antworten aufzunehmen, und ein bisschen hundwerkliches Können, um einen Kaninchenkäfig zu bauen, die Geduld zu warten, während die Kaninchen aufwachsen, und den naiven Mut, loszugehen und die eigenen Produkte auf dem Markt der »Erwachsenen« zu verkaufen. Unternehmer besitzen die Fähigkeit, Innovationschancen zu »sehen« und sie zu realisieren, allein oder zusammen mit anderen. Möglichkeiten, Geschäfte zu machen, gibt es überall, und jene Menschen sind zu Unternehmern geboren, die diese Möglichkeiten unermüdlich »mit offenen Augen, schneller Reaktion und vorausschauendem Handeln« ausloten.

Und dann braucht man auch noch ein bisschen Glück: Wenn das Kaninchen, das Walter seinem Freund Renzo schenkte, ein Männchen gewesen wäre die Geschichte wäre, vielleicht anders ausgegangen. Ein Geschäft mit der Kaninchenzucht hätte es dann wohl nicht gegeben, aber ein »dummstaunender«Junge hätte sicher andere Gelegenheiten gefunden, seinen Unternehmergeist auszuleben. Und so ist es ja dann auch gekommen.

My stupid ideas

DER KLUGE KRITISIERT. DER DUMME LÄSST SICH ETWAS EINFALLEN.

/02

DER KLUGE KRITISIERT. DER DUMME LÄSST SICH ETWAS EINFALLEN.

Verführerische Jeans

In meiner Generation war es der größte Stolz eines Vaters, wenn seine Kinder studierten. Als jüngster von drei Brüdern und weil die beiden älteren nicht länger als nötig die Schulbank drücken wollten, fing ich an, die verschiedenen Möglichkeiten auszuloten. Als Teenager interessierten mich wie praktisch alle Teenager drei Dinge: Musik (ich spielte E-Gitarre in einer Band), mein Aussehen (ein wichtiges Mittel, um die eigene Persönlichkeit auszudrücken) und die Mädchen (die eigentlich wohl doch an erster Stelle auf der Liste standen). Ich fand eine Fachschule in Padua, das Istituto Marconi (heute Istituto tecnico industriale G. Natta), das einen Studiengang zum Industrietechniker für Konfektionskleidung anbot. Diese Ausbildung war neu und experimentell (die einzige ihrer Art in Italien), auch weil dort keine Vollzeitprofessoren unterrichteten, sondern Profis, die in den vielen Textilunternehmen unserer Region arbeiteten und uns erklärten, was hinter den Kulissen der Modewelt vor sich ging. Diese Schule, die ich nur nach dem einen dummen Kriterium der »Einfachheit« ausgewählt hatte, inspirierte mich ungemein.

Ich begann industrielle Modellentwicklung (den Entwurf von Schnittmusterbögen) zu lernen und arbeitete in der Werkstatt, wo man die Teile eines Kleidungsstücks zuschnitt und sie zusammensetzte; ich schrieb sogar eine Arbeit über den Aufbau eines Hemds – die, wenn ich mich nicht irre, noch heute verwendet wird! Eines Tages besorgte mir ein Freund, der in der Textilindustrie arbeitete, zwei Meter echten Denim-Jeansstoff aus den Vereinigten Staaten, und ich wusste genau, was ich daraus machen wollte. Mit dem Wenigen, das ich an der Schule bisher gelernt hatte, machte ich ein Schnittmuster, dann lieh ich mir die Nähmaschine meiner Mutter. Voller Begeisterung nähte ich mein erstes Teil, etwas ganz Ausgefallenes: Eine oben ganz schmale, tief geschnittene Hose mit 42 Zentimetern Schlag (es waren die Siebzigerjahre!), etwas, das man bei uns noch nicht gesehen hatte.

Ich war 15 Jahre alt und hatte meine erste Jeans genäht. Sicher, sie war nicht perfekt. Es gab zum Beispiel ein Problem mit dem Reißverschluss: Ich hatte vergessen, einen Stoffstreifen an die Innenseite des Reißverschlusses zu nähen, und so brach mir jedesmal der kalte Schweiß aus, wenn ich ihn hochzog, weil ich Angst vor schmerzhaften Verletzungen hatte. Ich weiß noch heute nicht warum, aber ich machte etwas Dummes: Der Stoff, aus dem ich meine Hose genäht hatte, war zu steif, und deshalb schleifte ich ihn über den Betonboden unserer Tenne. Wer weiß, vielleicht war das der Anfang des *used look*, der künstlich gealterten Jeans ... Die Jeans schlugen ein wie eine Bombe: Alle meine Freunde wollten sie. Ich verlangte 3.500 Lire pro Stück, heute weniger als 1,80 Euro, für Herstellung und Stoff. Bald war mein Zimmer voller Schnittmuster. Ich machte eine für jeden Freund, eine echte »Maßarbeit«. Ich weiß nicht genau, wie viele es waren: vielleicht etwa 30, auch wenn ich das Gefühl hatte, es wären Hunderte.

Ich hatte das Schneidern, die Mode entdeckt, eine Welt, zu der ich ursprünglich sicher nicht gehörte und in der mir der »Stallgeruch« fehlte... aber vor allem hatte ich die Jeans entdeckt. Seit damals habe ich nicht mehr zurückgeschaut.

DER KLUGE KRITISIERT. DER DUMME LÄSST SICH ETWAS EINFALLEN.

Die Strategie des Dummen

Renzo Rossos Freund Walter schenkte ihm ein Kaninchen, und ein paar Jahr später schenkt ihm ein anderer Freund zwei Meter echten, aus den USA importierten Denim, und viele andere Freunde lassen sich von ihm eine Hose schneidern. Da stellt sich doch spontan die Frage: Warum hatte Rosso so viele Freunde? Vielleicht weil er seine Intelligenz nicht so heraushängen ließ, vielleicht weil er die anderen nicht wegen ihrer Unzulänglichkeiten kritisierte, vielleicht weil er (gut?) E-Gitarre spielte, vielleicht auch, weil er gut aussah. Ich weiß nicht genau, warum, aber ich weiß, dass der Dumme zunächst einmal ein Netz von Freundschaften knüpft und anderen mit Respekt begegnet. Das ist eine essenzielle Voraussetzung, um den Schritt vom Erfinder zum Unternehmer zu schaffen, denn der Unternehmer muss mit anderen und für andere Menschen arbeiten, seien es nun Kunden, Mitarbeiter oder Lieferanten.

Ein Unternehmer muss ein Produkt herstellen, das in innovativer Weise einen bereits vorhandenen Bedarf deckt. Die Geschichte von Renzo Rosso zeigt, dass man, um Innovatives hervorzubringen, ganz in die Gegebenheiten eintauchen und alles mit einem positiven Blick auf seine Nützlichkeit abklopfen muss: die Schule, die Nähmaschine der Mutter, die Einstellung derjenigen, die den Kauf beeinflussen (in diesem Fall die Mädchen), die Partys, um das Produkt zu zeigen und die Meinung anderer zu hören, das eigene Zimmer als Werkstatt und Lagerraum. Der Dumme ist nicht zufrieden, wenn

er etwas oder jemanden kritisieren kann (die Lehrkräfte sind langweilig, die Nähmaschine der Mutter ist alt, das Zimmer viel zu klein), sondern, wenn er die Schönheit der Dinge sieht, die aus seinen Ideen und in seinen Händen entstehen.
Eine Frage hätte ich noch: Warum gerade 3.500 Lire?

My stupid ideas

\\\

\\\

\\\

\\\

\\\

\\\

\\\

\\\

\\\

\\\

\\\

WENN DU NIE ETWAS DUMMES GETAN HAST, HAST DU ÜBERHAUPT NOCH NICHTS GETAN.

/03

WENN DU NIE ETWAS DUMMES GETAN HAST, HAST DU ÜBERHAUPT NOCH NICHTS GETAN.

Wie man sich (beinahe) selbst entlässt

Ich hatte das Glück, einem großartigen Mentor zu begegnen: Adriano Goldschmied. Leider wäre unsere Beziehung beinahe so richtig, aber wirklich richtig schiefgegangen. Nach der Schule fand ich Arbeit bei Moltex, einer von Adrianos Firmen, die die damals avantgardistische Jeanslinie Daily Blue auf den Markt brachte. Im Vorstellungsgespräch hatte ich ein bisschen geschwindelt: Ich hatte nicht gesagt, dass ich in ein paar Monaten zum Militär eingezogen werden würde, und ich hatte gelogen, als es um Erfahrungen in anderen Werkstätten ging, denn eigentlich hatte ich ja nur an der Fachschule gelernt. Ich sollte die Arbeit von 18 Arbeiterinnen in der Produktion überwachen. Ich wusste genug über die Herstellung im Allgemeinen, aber das war alles reine Theorie; plötzlich sah ich mich 18 Näherinnen gegenüber, mit ihrer Ausrüstung und mit einer Partie zugeschnittener Teile, die konfektioniert werden sollten. Es war ein Schock, ich wusste gar nicht, wo ich anfangen sollte. In Panik rief ich einen Freund an, der die gleiche Arbeit gemacht hatte, und fragte ihn: »Was muss ich tun?« Es war wie im Film, wenn ein Passagier ein Flugzeug fliegen muss und ununterbrochen mit dem Kontrollturm verbunden ist. Ich habe ihn bestimmt zwanzig Mal an diesem Tag angerufen, immer wieder. Am selben Abend noch fuhr ich zu ihm und verbrachte die ganze

Nacht damit, mir verzweifelt all das anzueignen, was mir bei meiner Arbeit weiterhelfen konnte. Die erste Woche war wirklich schwierig, weil ich es nicht schaffte, auch nur eine einzige vernünftige Jeans zu produzieren, aber glücklicherweise war mein Chef ein paar Tage im Ausland! Allmählich wurde es besser, und gegen Ende des Monats war ich schon viel entspannter. Sicherlich war ich ein großes Risiko eingegangen, aber ich hatte auch nicht viel zu verlieren, und ich wusste, dass ich es irgendwie schon schaffen würde: Wenn ich an eine Sache glaube, gehe ich bis an die Grenzen. Vielleicht stimmt es, dass das Glück mit den Tüchtigen ist, denn irgendwann erhielt ich die Nachricht, dass ich nicht zur Armee musste. Die Regierung hatte beschlossen, nur 50 Prozent der Jahrgänge 1955 und jünger einzuberufen. Die 55 hat mir immer Glück gebracht!

Ich machte diese Arbeit zweieinhalb Jahre lang, und schließlich konnte ich mich auf meinen Lorbeeren ausruhen. Ich war 20 Jahre alt, liebte das Leben, liebte die Frauen. Die Arbeit ... na ja, die liebte ich nicht so sehr. Ich konzentrierte mich nicht mehr, und die Produktivität sank allmählich.

Eines Abends lud Adriano mich und ein paar andere Gäste zum Abendessen zu sich nach Hause ein. Irgendwann rief er mich dann in sein Arbeitszimmer und erklärte mir: »Du bist sympathisch, du hast sicher deine Vorzüge, aber du hast keine Lust zu arbeiten. Ich kündige dir.« Das war ein Schock für mich. Ich bat ihn, ich flehte ihn an: »Ich werde dir zeigen, dass ich arbeiten kann«, versprach ich ihm. Glücklicherweise fand seine Frau Rossella mich sehr nett und überredete ihn, mir noch eine Chance zu geben. Wenn ich jetzt so darüber nachdenke, haben auch die Frauen mir immer Glück gebracht! Adriano hatte eine gute Idee: Er bot mir eine Leistungsprämie an. Bei einer kleinen Steigerung der Produktivität konnte ich die Summe A verdienen, bei einer deutlichen Steigerung die Summe B und bei einem gewaltigen, praktisch unmöglichen Leistungssprung die Summe C. Gerade diese Herausforderung elektrisierte mich: Wenn man mir sagt, dass ich etwas nicht kann, strenge ich mich gewaltig an, um das Gegenteil zu beweisen. Im ersten Monat erreichte ich sofort die höchste Leistungsstufe: Mein Gehalt sprang von 240.000 Lire auf 2.400.000 Lire und blieb drei Monate so hoch. Die Angst, entlassen zu werden, hatte mir zusammen mit einem »unmöglich« zu erreichenden Ziel klargemacht, dass ich auch aus eigenem Antrieb Großartiges erreichen konnte. Und dann sagte ich Adriano: »Vielen Dank, jetzt gehe ich.«

WENN DU NIE ETWAS DUMMES GETAN HAST, HAST DU ÜBERHAUPT NOCH NICHTS GETAN.

Die Strategie des Dummen

Es scheint nicht vernünftig, einen Job anzunehmen, den man noch nie gemacht hat, es scheint nicht vernünftig, sich nach nur zwei Jahren Arbeit auf seinen Lorbeeren auszuruhen (mit 20 Jahren!), es scheint nicht vernünftig, die eigene Entlassung zu riskieren. All dies scheint dem nicht vernünftig, der schon im Voraus zu wissen meint, was bei einer Sache herauskommt und sie dann gar nicht erst ausprobiert. Renzo Rosso ist wie so viele gute Unternehmer bereit, das Risiko zu tragen: Er nimmt zuerst den Job, und dann überlegt er sich, wie er ihn ausfüllen kann. Aber er kann auch wie viele gute Unternehmer nicht allzu lange bei derselben Tätigkeit bleiben und braucht neue Reize. Er hat wie viele gute Unternehmer keine Angst, seine Arbeit zu verlieren, sondern vertraut den eigenen Mitteln und ist überzeugt, einen anderen Job finden zu können.

Aber Renzo Rosso wäre vielleicht nicht der geworden, der er ist, wenn er nicht einen großartigen Mentor gehabt hätte, der ihn aus so vielen Absolventen auswählte (und wohl auch wusste, dass Renzo nicht allzu viel Erfahrung haben konnte), der merkte, dass Renzo sich auf seinen Lorbeeren ausruhte, der auf seine kluge Frau hörte und ihm eine zweite Chance gab, indem er seine Motivation mit einem guten Prämienangebot förderte. Ein Mentor, der ins Herz der Menschen schauen konnte, wie nur die Dummen es können.

Renzo Rosso stand schon am Anfang seiner Karriere und war, wie er schreibt, »ein großes Risiko eingegangen, aber ich hatte auch nicht viel zu verlieren«. Und das ist eines der Geheimnisse des nachhaltigen Erfolgs fähiger Unternehmer: Sie handeln immer so, als hätten sie kaum etwas zu verlieren, denn wenn die Angst um das schon Erreichte die Oberhand gewinnt, dann verteidigt man nur noch und greift nicht mehr an. Die Bewahrung wird wichtiger als die Innovation, und früher oder später beginnt der Niedergang.

My stupid ideas

\\

\\

\\

\\

\\

\\

\\

\\

\\

\\

\\

DER KLUGE HÖRT AUF DEN KOPF, DER DUMME AUFS HERZ. /04

DER KLUGE HÖRT AUF DEN KOPF, DER DUMME AUFS HERZ.

Der erste italienische Mohikaner

»Geh nicht, Renzo. Wir brauchen dich.« Das konnte ich einfach nicht glauben. Adriano Goldschmied, der mich nur ein paar Monate zuvor meiner Faulheit wegen hatte rauswerfen wollen, bat mich jetzt zu bleiben. Ich zögerte, weil ich mich selbstständig machen wollte, aber er überzeugte mich, indem er mir einen 40-Prozent-Anteil an Moltex anbot, das in diesem Moment zu einer Firma mit einer neuen Marke wurde: Diesel. Das war genau am 6. Oktober 1978. Mir gefiel der Name Diesel, weil er kurz war, international und praktisch auf der ganzen Welt gleich ausgesprochen wurde. Und es war die Zeit der Ölkrise: Diesel, billiger als Benzin, war damals eine echte Alternative. Und schließlich kam man mit Diesel zwar langsamer voran, hatte aber eine größere Reichweite. Ich liebte diesen Namen, auch wenn andere ihn nicht mochten: Sie sagten, er klinge schmutzig und industriell, er habe nichts mit Jeans zu tun. Einen Moment lang hatte ich Angst, sie könnten Recht haben. Meine Aufgabe bestand ja darin, diese Marke zu verkaufen. Die Dinge gingen allzu schleppend voran, und die Leute konnten sich nicht mit dem Produkt identifizieren. Ich hatte eine Idee: Ich beschloss dem Namen ein repräsentatives Logo zu geben.

Ich kannte einen englischen Künstler namens David, der in Italien lebte, aber bald nach Hause zurückkehren wollte, weil ihm das Geld ausging. Adriano meinte: »Vielleicht kannst du mit ihm zusammenarbeiten. Er ist ein sehr kreativer Kopf.« Ich traf ihn in Mailand, schaute seine Mappe durch und beschloss, ihm die Aufgabe, das Logo von Diesel zu entwerfen, anzuvertrauen. Wir einigten uns über die Bezahlung und seinen Umzug an unseren Firmensitz Molvena. Als Vorschuss bezahlte ich ihm ein Rückflugticket nach London: Er brauchte noch ein paar Sachen, um ganz nach Italien überzusiedeln. Am verabredeten Termin wartete ich am Flughafen von Venedig, um ihn abzuholen, aber er tauchte nicht auf. Damals gab es noch keine Handys … Ich dachte, ich würde ihn nie mehr wiedersehen. Drei Tage später rief nachts um zwei die Polizei bei mir an. Sie hatten einen Engländer aufgegriffen, der in Marostica, nicht weit von Molvena entfernt, in einer Telefonzelle schlief. Er sprach kein Italienisch und wiederholte nur ständig die drei Worte: »Renzo. Rosso. Diesel.«

Ein kluger Mensch hätte sich einen solchen Typen vom Hals gehalten, aber mir gefiel sein Talent, und mein Instinkt sagte mir, dass wir gemeinsam etwas Großartiges schaffen konnten. Ich nahm ihn bei mir auf und vertraute ihm die Mission an, ein Emblem für Diesel zu schaffen. Damals nahmen viele Jeansmarken eine amerikanische Identität an, indem sie irgendwie indianisch klingende Namen wählten: Sioux, Apache, Cheyenne und solche Dinge. Ich bat David, diesem Trend zu folgen, aber mit einem frischeren, innovativeren, moderneren und vor allem originelleren Ansatz. Das ist immer mein Leitsatz gewesen: Nehmen, was da ist, und daraus etwas anderes, Neues entwickeln. David schloss sich 15 Tage lang in seinem Zimmer ein. Ich ließ ihm Essen bringen, aber er weigerte sich, mir auch nur die ersten Skizzen seiner Arbeit zu zeigen. Langsam begann ich, mir Sorgen zu machen. Aber endlich tauchte er wieder auf und legte mir eine perfekte Tuschezeichnung vor. Es war der

Kopf eines Indianers, aber nicht irgendeines Indianers. Es war ein Punk – ein Mohikaner. Er erklärte mir: »Das ist dein moderner Großstadtindianer, der unter den Brücken von London lebt.« Ich war begeistert von dem Logo und ließ es auf alle Etiketten und Kleidungsstücke drucken, zuerst auf T-Shirts. Es wurde bald zu einer unverwechselbaren Marke und ist auch heute, 30 Jahre später, noch das historische Erkennungszeichen von Diesel.

DER KLUGE HÖRT AUF DEN KOPF, DER DUMME AUFS HERZ.

Die Strategie des Dummen

Der Dumme sucht die Innovation nicht nur einfach aus der Lust heraus, etwas zu verändern. Er nimmt vielmehr, »was da ist, und entwickelt daraus etwas anderes, Neues«. Renzo Rosso akzeptierte das Angebot seines Mentors und blieb als Teilhaber in dem Unternehmen, in dem er arbeitete. Vielleicht wäre es klüger gewesen, sofort eine Firma zu gründen, die hundertprozentig ihm gehörte, aber warum sollte er auf die Zusammenarbeit mit jemandem verzichten, von dem ihm das Herz sagte, dass er ein Freund und ein tüchtiger Unternehmer war? Da war es doch besser, gemeinsam weiterzumachen und eine ganz neue Marke zu starten.

Der Kopf sagt vielleicht, dass man einen Markennamen finden muss, der etwas mit Jeans, mit Kleidung zu tun hat. Aber die Marke zeigt die Handschrift des Unternehmers, und wenn ihm Diesel gefällt (auch wenn es irgendwie schmutzig und industriell klingt), ist es richtig, auf das Herz zu hören und es auszuprobieren. Doch der Dumme achtet auch sehr darauf, was die Herzen der Menschen bewegt, ob der Name ihnen ebenso gefällt. Und wenn er ihnen nicht so gut gefällt, wie der Dumme gedacht hat, muss er etwas tun, muss er zum Beispiel ein aussagekräftiges Logo entwickeln.

Der Dumme riskiert etwas, aber er setzt nicht alles aufs Spiel. Wenn man auf der ganzen Welt gute Geschäfte macht, indem man die Jeansmarken mit etwas Indianischem verknüpft, geht Renzo Rosso nicht so weit, eine ganz neue Verknüpfung vorzuschlagen (weil eben die Verbindung von Jeans und India-

48

*nern schon in den Herzen der Menschen angekommen ist).
Vielmehr sucht er jemanden, der ihm helfen kann, dem Ganzen einen eigenen, modernen Stempel aufzudrücken. Und den entscheidenen Beitrag liefert ein Mann, auf den ein vernünftiger Mensch sich wahrscheinlich gar nicht eingelassen hätte. Doch auch in diesem Fall gilt: Wenn dir diese Person gefällt, wenn sie dich überzeugt hat, warum solltest du dich dann von deinem Kopf ausbremsen lassen? Stell sie auf die Probe und urteile dann. Was hast du schließlich zu verlieren?*

My stupid ideas

51

DER DUMME KÖNNTE SCHEITERN. DER KLUGE VERSUCHT ES NICHT EINMAL.

/05

DER DUMME KÖNNTE SCHEITERN. DER KLUGE VERSUCHT ES NICHT EINMAL.

Alleinflug

Das kleine Unternehmen Diesel lief sofort gut an und hatte erste Erfolge. Inzwischen war ich mit Adriano in das Unternehmen eingetreten, das auch andere Marken wie King Jeans, Replay, Viavai und Martin Guy besaß.

Ich beschloss allerdings, alle anderen Firmen abzugeben und mich ganz auf Diesel zu konzentrieren. Deshalb bat ich Adriano 1985, mir seine Anteile an dieser Marke zu verkaufen. Für ihn war das kein Problem, in seinen Augen war die Marke nie besonders vielversprechend gewesen, aber für mich war sie mein Kind und meine Bewährungsprobe.

Ich musste einen Weg finden, das Projekt zu finanzieren. Meine Lieferanten und Banken griffen mir unter die Arme, weil sie mich trotz meines etwas abgerissenen Aussehens immer als seriösen und zuverlässigen Geschäftspartner erlebt hatten. Also beschloss ich, gleich groß einzusteigen und mit beträchtlicher Finanzierung und großen Volumina zu arbeiten. Ich war auf alles vorbereitet, auch auf ein Scheitern, schlimmstenfalls wollte ich mich auf eine einsame Insel flüchten! Aber ich steigerte den Umsatz aus dem Stand von 3,5 auf 8 Millionen Euro.

Wie ich das geschafft habe? Eine gute Frage. Bis 1985 war ich mehr mit der allgemeinen Unternehmensleitung beschäftigt gewesen. Jetzt aber konnte ich genau das Produkt machen, das ich wollte. Ich war so überzeugt davon, dass ich in nicht einmal einem Jahr pleite sein würde, dass ich beschloss, alle meine verrückten Ideen umzusetzen – und meine große Liebe zu Vintage-Jeans!

»Warum machen wir keine Jeans, die schon getragen aussehen?« Irgendwann kam mir diese damals absolut neue Idee: die Jeans zu »zerstören«, sie so aufzuscheuern, dass sie den alten Hosen der Bergleute immer ähnlicher wurden.

Unsere Vertriebspartner hielten uns für verrückt, vor allem, weil wir die Jeans praktisch wie Kunstwerke verkaufen mussten, zu deutlich höheren Preisen als die Konkurrenz, weil diese Art der Stoffbehandlung sehr teuer war. Noch schwieriger war es, Händler zu finden, die an das Produkt glaubten. Also wählte ich ein paar Handelspartner aus, die zu meinem potenziellen Kunden passten, aber ich musste mich immer wieder mit Einkäufern herumschlagen, die von der Idee ganz und gar nicht überzeugt waren: Sie hielten das Abgeschabte für einen Produktionsfehler (damals schrieb auch das *Wall Street Journal* so etwas wie: »Wie kommt dieser junge Mann auf die Idee, Jeans in ihrem Heimatland zum Doppelten des Marktpreises verkaufen zu können?«). Ich war zu allem bereit, wenn ich nur die Konsumenten erreichte, und machte den Einkäufern das klassische Angebot, das sie kaum zurückweisen konnten: »Nehmt welche, und wenn sie sich nicht verkaufen, kaufe ich sie zurück.« Zu meinem Glück gingen die Jeans weg wie warme Semmeln, und die Einkäufer verlangten ständig Nachschub.

Ich hatte darauf gesetzt, dass die echten Kenner, die bereit waren, ein Vermögen für Second-Hand-Jeans auszugeben, wohl auch viel Geld für neue Jeans mit Patina in die Hand nehmen würden. Und ich hatte Recht mit meinem Bauchgefühl (das schon auf der Tenne unseres Bauernhofes entstanden war). Mir war klar, dass Diesel nicht von heute auf morgen eine Weltmarke werden würde, aber allmählich entwickelte sich die Marke in verschiedenen Ländern zu einem kleinen Kult. Die Flucht auf eine einsame Insel war keine Verlockung mehr.

DER DUMME KÖNNTE SCHEITERN. DER KLUGE VERSUCHT ES NICHT EINMAL.

Die Strategie des Dummen

Eine große Unternehmensgeschichte muss wie bei einer Bergfahrt früher oder später gefährliche Kurven bewältigen, in denen das Risiko steigt, weil man nicht genau weiß, was hinter der Kurve liegt. Man steht also vor der Alternative, entweder vom Rad zu steigen, das Panorama zu genießen und auf den Abend zu warten, oder weiterzufahren, die Kurve zu meistern und bis zum Gipfel zu kommen. Der Verhaltenspsychologe David McClelland hat sich intensiv mit der Beziehung zwischen Motivation und Erfolg beschäftigt. Im Jahr 1961 erklärte er, dass ein Unternehmer sich der Herausforderung stellt, weil er den Ehrgeiz hat, als jemand anerkannt zu werden, der einen entscheidenden Beitrag zur Geschichte der eigenen Familie oder zur Entwicklung eines bestimmten Gebiets oder Sektors geleistet hat. Renzo Rosso hat diesen Ehrgeiz und beschränkte sich nicht darauf, die Kurve zu meistern, sondern er nahm sie mit einer radikalen Innovation in dem Bereich, an dem sein Herz hing: »die Jeans zu zerstören, sie so aufzuscheuern, dass sie den alten Hosen der Bergleute immer ähnlicher wurden«. Aber je radikaler die Innovation ist, umso mehr muss der dumme Unternehmer zu riskieren bereit sein, und deshalb gab er seine Jeans auf Kommission an die Läden.

Renzo Rosso erzählt, dass es auch in dieser Phase ungeachtet seines »etwas abgerissenen Aussehens« relativ leicht für ihn war, die Unterstützung von Banken und Lieferanten zu gewinnen (die Regelmäßigkeit früherer Zahlungen hat sicher dabei geholfen). Unter Management-Studenten kursiert ein Foto der Gründer von Microsoft, junge Leute mit langen Haaren in peinlichen Klamotten und dazu eine Frage: Hätten Sie in diese Menschen investiert? Auch die Lieferanten und Bankiers mussten zeigen, dass sie mit Risiken umgehen konnten: Wer in die Gründer von Microsoft oder in Renzo Rosso investiert hat, hat die Gelegenheit, an einer großen Erfolgsgeschichte teilzuhaben, beim Schopf gepackt.

My stupid ideas

IN STUPID WE TRUST. /06

IN STUPID WE TRUST.

Das Leben auf dem Planeten Diesel

Ich lebe jetzt in Bassano del Grappa, einer sehr hübschen alten Stadt im Hügelland des Veneto. Diesel ist dort geboren und zusammen mit mir groß geworden.

Die Menschen stellen mir immer wieder dieselbe Frage: Warum habe ich nicht Mailand oder eine andere Großstadt gewählt, wo man problemlos neue Mitarbeiter findet? Aber das ist einfach nichts für mich. Ich habe in der Gegend von Bassano meine erste Arbeit gefunden, dort sind meine beruflichen wie auch persönlichen Wurzeln.

Und es gibt noch einen weiteren Grund: Ich bin überzeugt, dass diese Atmosphäre die Kreativität anregt. Es ist fast schon surreal, all die coolen und brillanten Menschen aus der ganzen Welt zu sehen, die hier auf dem Land zusammenkommen. Das trägt zu einem echten Gemeinschaftsgefühl bei. Wenn ich jemanden anstelle, sage ich ihm immer: »Das Arbeitsumfeld wird dir gefallen«, und das stimmt: Es gefällt allen.

Diese Menschen sind meine Unternehmensfamilie, meine Mannschaft. Es gibt nicht das eine »kreative Genie« hinter den Produkten von Diesel, sondern eine verschworene visionäre Truppe, die wir das Diesel Creative Team nennen. Wir reisen ständig auf der Suche nach Inspirationen um die Welt, und ich glaube, hier zu leben hilft uns, die Augen offen zu halten, denn wenn wir reisen, erscheint uns alles neu, und wir haben Lust zu sehen, zu fühlen, zu verstehen, zu experimentieren und zu interpretieren. Hier zu leben macht aus mir einen besseren Reisenden, und das gilt für alle unsere Kreativen. Sie wollen wissen, woher wir unsere kreativen Köpfe nehmen?

Heute suche ich sie anders aus als am Anfang: Früher bin ich auf Modemessen in Paris gegangen und habe kreative Marken gesucht, die mich inspirierten, um dann mit den Menschen, die die Kollektion entworfen hatten, Kontakt aufzunehmen.

Ich habe nie versucht, mir den Spitzendesigner zu schnappen: Ich suchte immer die Nummer zwei oder drei der Kreativabteilung. Ich wollte die jungen Leute, die Hungrigen, die mit dem Zug zur Spitze und ohne Angst vor dem Risiko. Und ich habe sie immer dazu gebracht, es zu wagen.

Seit 2000 jedoch rekrutieren wir unsere neuen Designer auf ganz besondere Weise: Wir sind ein Gründungspartner des ITS, des International Talent Support.

Jedes Jahr erhalten wir mehrere tausend Mappen zugeschickt: Junge Designer und Studenten im Abschlussjahr der Modeschulen der ganzen Welt. Nach einer strengen Vorauswahl laden wir die 25 besten Kandidaten nach Triest ein, wo sie ihre Kollektionen einer internationalen Jury vorführen. Der Sieger des Diesel Award bekommt einen Geldpreis, hat aber vor allem die Möglichkeit, sechs Monate in unserer Entwurfsabteilung zu verbringen, um alle Geheimnisse der Entwicklung und Konfektionierung von Kollektionen im globalen Maßstab kennenzulernen. Und der eine oder andere von ihnen bleibt da und arbeitet für uns.

Die jungen Designer gefallen mir, weil sie so unverdorben sind: Sie haben eine jungfräuliche Kreativität und keine Angst, etwas zu riskieren, weil sie noch keine Gehirnwäsche hinter sich haben, bei der man ihnen gesagt hätte, was sie zu tun und zu lassen haben, und sie sind auch noch keine Sklaven der industriellen Abläufe.

Indem wir Projekte wie dieses in vielen Ländern unterstützen, haben wir ein Netzwerk von Diesel-Fans in der ganzen Welt geschaffen, die uns in vieler Hinsicht dankbar sind für das, was aus ihnen geworden ist.

IN STUPID WE TRUST.

Die Strategie des Dummen

An fast jedem Prozess zur Umsetzung einer neuen Unternehmensformel sind andere Menschen beteiligt, mal mehr, mal weniger intensiv, mit verschiedenen Kompetenzen und auf unterschiedlichen Ebenen. Deshalb müssen Unternehmer wissen, wie man innerhalb wie außerhalb der Firma eine Gemeinschaft von Menschen bildet, die motiviert sind, am Traum des Unternehmers teilzuhaben und ihn mit ihrem eigenen Beitrag Wirklichkeit werden zu lassen. Eine Unzahl von Fallstudien hat uns gelehrt, dass die Qualität der Unternehmer sich nach der Qualität der Mitarbeiter beurteilen lässt. Man kann einfach nicht leugnen, dass italienische Unternehmen, selbst die Spitzenfirmen, noch immer viel zu lernen haben, wenn es darum geht, gute Mitarbeiter zu finden und zu motivieren. Gerade auf diesem Gebiet scheint mir, dass Diesel einiges an Erfahrungen zu bieten hat. Renzo Rosso liefert einige wertvolle Vorschläge:

- *die Nummer zwei suchen, die noch »hungrig« ist, die noch einen Traum hat, den sie verwirklichen will;*

- *in der ganzen Welt suchen, ohne geografische Beschränkungen;*

- *unkonventionelle Mittel einsetzen, um die Talente zu erkennen, wie etwa den Diesel Award;*

- *sich nicht auf ein einziges Genie stützen (sei es nun im Design, in der Herstellung oder im Handel), damit sich*

66

das Unternehmen nicht allein dessen Vorstellungen anpasst;

- *die Menschen in einem familiären und gemeinschaftlichen Umfeld arbeiten lassen, weil nur so jeder sein Bestes gibt;*

- *alle dazu drängen, dass sie die Welt mit offenen Augen bereisen, in dem Wissen, dass es immer so viel zu lernen gibt.*

My stupid ideas

\\

\\

\\

\\

\\

\\

\\

\\

\\

\\

\\

NUR DER DUMME KANN WIRKLICH BRILLANT SEIN.
/07

NUR DER DUMME KANN WIRKLICH BRILLANT SEIN.

Die Kunst der Kommunikation

Kommunikation gehört zweifellos zu den Dingen, für die unsere Marke bekannt ist. Ich war überzeugt von der Qualität unseres Produkts und hatte Geschäftspartner gefunden, die an mich glaubten und alles verkauften, was ich ihnen gab. Mir war klar, dass ich jetzt darüber hinausgehen musste. Diesel stand für einen Lebensstil, und überall auf der Welt sollten so viele Menschen wie möglich davon erfahren. Jetzt war der Moment der Kommunikation gekommen.

Wie so oft in meinem Leben und im Leben dieses Unternehmens fing ich auch in diesem Bereich bei null an, ohne jedes Grundwissen, aber mit einer klaren Vision und mit einer Handvoll Menschen um mich herum, die mit Leidenschaft und Innovationswillen bei der Sache waren. Der erste externe Partner, den wir im Bereich Werbung fanden, war eine kleine, kaum bekannte schwedische Agentur. Warum gerade sie? Reiner Zufall. Unser dortiger Vertriebspartner Johan Lindeberg stellte uns die Jungs von Paradiset vor, und sie weckten sofort unser Interesse. Sie zeigten uns eine Reihe von Werbekampagnen für junge Modemarken, blendeten aber die Logos aus. Sie waren alle gleich, praktisch nicht unterscheidbar: schwarz-weiß, düster, prätenziös und deprimierend. Sofort waren wir uns alle einig: Wir müssen ganz anders sein! Bunte, ironische, surrealistische Bilder! Wir wollten allen, die diese Werbung sahen, zeigen, dass wir ihre Intelligenz ernst nahmen: Alle wussten, dass wir etwas verkaufen wollten, aber warum sollten wir es nicht unterhaltsam, mit Anregungen zum Nachdenken (für jeden, der wollte), mit gesellschaftskritischen Kommentaren und rebellischen Sprüchen anbieten?

Heute setzen sogar die Automobilindustrie und Pharmaunternehmen auf ironische Werbung, man hat sich an diesen Kniff gewöhnt. Damals aber war das Echo in der Modebranche (machen die sich nur über sich lustig, statt ihre Produkte zu loben und in den glühendsten Farben zu schildern?) und im Marketing (kann man auch in der Modewerbung Konzepte und Geschichten erzählen?) gewaltig. Wir stellten sogar die Idee der Werbung an sich auf den Kopf, weil wir Spots produzierten, in denen alles andere als unsere Produkte beworben wurde (Reifen, Haarspray, Fleckentferner ...); und der Untertitel unserer gesamten Kommunikation lautete »For Successul Living«, eine klare Parodie auf die Werbewelt, die dir, wenn du nur dieses eine bestimmte Produkt kaufst, Erfolg und ewiges Glück verspricht.

Unnötig zu sagen, dass diese ganze grundstürzende Innovation natürlich mit der Tatsache einherging, dass wir kaum das Geld hatten, sie in der ganzen Welt zu plakatieren: Wieder einmal wurde eine Beschränkung zum Anreiz, es besser zu machen. Es ist ein Kinderspiel, eine mittelmäßige Kampagne zu machen und sie millionenmal zu wiederholen, bis der Verbraucher sie nicht mehr sehen und hören kann; viel »dümmer« ist es, eine so starke und kreative Kampagne zu machen, dass man sie einfach nicht übersehen kann! Als Medienpartner suchten wir uns Leute, die auf unserer Linie und außerhalb des gewohnten Rahmens lagen. Wir gehörten zu den ersten Modemarken, die Werbeplatz in Schwulenmagazinen (Out) oder in der gerade erst entstehenden Web Economy (Wired) buchten und die Zeitschriften nach dem eigenen Geschmack aussuchten (»Würde ich mir dieses Magazin kaufen?«), statt langweilige Zielgruppen-analysen, demografische Statistiken, Auflagenzahlen und so weiter zu lesen. Bei MTV war es dasselbe. Anfang der neunzigerjahre waren wir klein, wollten wachsen und lieb-ten die Musik. Und diese Gruppe von Fanatikern, die sich in den Kopf gesetzt hatte, den ersten reinen Musiksender zu machen, inspirierte uns. Viele Jahre lang waren sie unsere exklusiven TV-Werbepartner weltweit: Ihre Zielgruppe war auch unsere – und nachdem wir sie bezahlt hatten, hatten wir kein Geld mehr.

Werbung war nicht die einzige Waffe, die wir einsetzten, um der Welt zu erklären, wer wir waren: Ein Ehrenplatz gebührt unseren Partys. Wo sonst konnte man andere Fans der Marke kennenlernen? Wo konnte man den Lifestyle umgesetzt sehen, von dem wir immer redeten? Natürlich bei den Events, die Diesel auf der ganzen Welt organisierte! Wir feierten denkwürdige Feste, oft mit engem Bezug zu unserer jeweiligen Werbekampagne.

Ich erinnere mich noch gut an die Partys, die wir 2001 überall auf der Welt für die Kampagne »Save Yourself« organisierten. Wir machten uns damit über die Sehnsucht nach ewiger Jugend lustig und vermittelten Botschaften wie »Trink deinen Urin«, »Atme Sauerstoff« oder »Glaube an die Reinkarnation«, um das richtige Umfeld zu schaffen. Die Locations wurden in riesige »Laboratorien« verwandelt, in denen die Leute, während sie tanzten und sich amüsier-ten, all diese absurden Praktiken nachvollziehen konnten: Das Bier floss aus Urinalen, und über dem Tresen baumel-ten Sauerstoffmasken! Legendär war besonders ein Event in Paris, im Louvre (stellt euch den Schock der Sicherheits-leute vor, als sie sahen, wie wir diesen ehrwürdigen Ort

74

»schändeten«), während der in New York nie stattfand. Er war für den unseligen 11. September des Jahres geplant ... aber das ist eine andere Geschichte.

Und schließlich unser Sponsoring. Statt das Geld dafür rauszuschmeißen, dass man unser Logo bei Skirennen, in Fernsehsendungen oder wer weiß wo sah, beschlossen wir, dass auch die Projekte, die wir unterstützten, etwas darüber aussagen sollten, wer wir waren und für welche Philosophie wir standen.

Mein Team fragte mich irgendwann einmal: »Wie soll man dich in 50 Jahren in Erinnerung haben?«

»Als jemanden, der talentierten jungen Menschen eine Chance gegeben hat, wie ich sie selbst vor so vielen Jahren bekommen habe. Mit ein bisschen Hilfe können sie das Beste aus sich machen«, antwortete ich.

Gesagt, getan. Das Sponsoring wurde zu einem echten modernen Mäzenatentum: Wir suchten aufstrebende Musiker und ermöglichten ihnen einen Auftritt an unglaublichen Orten oder Plattenaufnahmen. Wir entdeckten neue Modedesigner und halfen ihnen, ihre Kreationen der Fachpresse der ganzen Welt zu zeigen oder sie in unseren Geschäften zu verkaufen. Wir mieteten ganze Wände in den wichtigsten Städten des Erdballs und gaben diese freien Plätze jungen Künstlern aus aller Welt.

Aber das Fest der Feste, die Mutter aller Diesel-Events, das Ereignis, das der ganzen Welt zeigte, wozu wir fähig sind und welchen Prinzipien wir folgen, war die Feier zum dreißigjährigen Bestehen der Marke. Wir wollten nicht das wiederholen, was viele andere schon vor uns gemacht hatten, eine Megaparty mit berühmten Künstlern und VIPs in einer Welthauptstadt der Mode: Wieder einmal wollten wir lieber einen dummen Traum verwirklichen.

Diesel ist eine Marke, die auf der ganzen Welt vertreten ist, und da schien es ungerecht, nur an einem Ort zu feiern. Deshalb entschieden wir uns für Partys an 17 verschiedenen Orten (auch um zu zeigen, dass wir nicht abergläubisch sind!)*. 17 Städte auf der ganzen Welt, von Tokio bis New York am gleichen Tag, den Zeitzonen folgend, alle live im neutralen und magischen Raum des Internets miteinander verbunden.

Und es waren großartige Events für unsere vielen Fans, nicht nur für ein paar Auserwählte. Showgrößen wie M.I.A., Kanye West, Pharrell Williams und sogar Chaka Khan und Earth, Wind & Fire traten auf, aber auch all die jungen Musiker, die wir im Laufe der Jahre dank Diesel:U:Music entdeckt hatten, junge Leute, die plötzlich vor 80.000 Zuhörern weltweit und einem virtuellen Millionenpublikum standen.

Damals hatten meine Kinder noch eine weitere geniale Idee, als ob die Diesel-Fans auf der ganzen Welt nicht genug bekommen hätten. Was konnte noch dümmer sein, als ihnen ein Produkt (unser Kernprodukt, eine Jeans) zu »schenken«, das nur einen Tag lang zu einem unglaublichen Sonderpreis in allen Diesel-Geschäften weltweit angeboten wurde?

Wir hatten Zweifel: Welche Botschaft vermittelten wir damit in Bezug auf unser Produkt? Wie wollten wir das Ganze organisieren? Würde sich die Jeans verkaufen? Aber die Stimme des Dummen in uns war stärker als alle anderen. Ich erinnere mich noch an die Emotionen (die Tränen), als wir aus einem Land nach dem anderen, den Zeitzonen folgend, Nachrichten bekamen wie: »Seit drei Uhr nachts

---

* Die Siebzehn gilt in Italien als Unglückszahl (Anm. d. Ü.).

hat sich eine Schlange vor dem Geschäft gebildet«, »Es ist der Wahnsinn, wir mussten die Polizei rufen, vielleicht müssen wir den Laden schließen.« »Wir haben den Verkehr im ganzen Viertel lahmgelegt.« »Ausverkauft. Wir haben alles verkauft, vor den Geschäften stehen junge Leute und weinen, weil sie keine Millennium-Jeans mehr ergattern konnten.«

Das sind unvergessliche Erinnerungen, und wir haben der Welt eine klare Botschaft übermittelt: Wir sind dumm, und wir haben einen Haufen Freunde.

NUR DER DUMME KANN WIRKLICH BRILLANT SEIN.

Die Strategie des Dummen

Eigentlich sollte man doch glauben, dass die Kreativität auf dem Kommunikationssektor nur so wuchert, doch die Erfahrung lehrt uns das Gegenteil. Oft gleichen sich die Werbung, das Sponsoring, die Events der verschiedenen Unternehmen wie ein Ei dem anderen, ohne echte Innovationen. Auch in diesem Bereich wollen viele Ergebnisse sehen, ohne etwas zu riskieren.

Die Risikoneigung eines jungen (oder jung gebliebenen) Unternehmens, eine klare Vorstellung von dem, was man kommunizieren will, die mühsame Suche nach etwas, das wirklich denkwürdig werden könnte, die Einstellung, den jungen Menschen (seien es nun Kreative oder Musiker oder die eigenen Kinder) Raum zu geben, das nötige Einfühlungsvermögen, um die Menschen zum Nachdenken zu bringen, und (vielleicht auch) die begrenzten Mittel sind die Zutaten, aus denen Diesel eine Gemeinschaft aus Unterstützern und Kunden geschaffen hat und ganz nebenbei zu einer Weltmarke der Mode geworden ist.

Natürlich hatten nicht alle Initiativen den gleichen Erfolg, sicher provozierte die eine oder andere einen »Skandal«, wichtig ist jedoch, dass Diesel versucht hat, einen eigenständigen Kommunikationsstil zu entwickeln, dabei seine Ressourcen und seinen Ruf aufs Spiel gesetzt und so einige Trends vorweggenommen hat, die sich später durchsetzten.

Eine Frage hat Renzo Rosso (nicht nur) in der Welt der Kommunikation umgetrieben, eine Frage, die sich jeder Un-

ternehmer stellen sollte: »Wie soll man dich in 50 Jahren in Erinnerung haben?«

My stupid ideas

FREUNDE / 01

Renzo Rosso – Rolls Royce

Schon als Kind kannte ich die zwei sich überlappenden R als ein Symbol des Reichtums, des Status, als Sinnbild einer glamourösen und irgendwie unerreichbaren Welt. Es waren die beiden R von Rolls Royce.

Die beiden R von Renzo Rosso stehen für das genaue Gegenteil. Renzo ist jemand, der mit Konventionen und Gemeinplätzen nichts am Hut hat.

Er gehört zu jener seltenen Sorte Mensch, bei denen Talent und Entschlossenheit zu einer Einheit verschmelzen, die manchmal verrückt und chaotisch wirken kann. Aber das stimmt nicht. Er ist einfach seiner Zeit voraus und wirkt deshalb manchmal etwas »durchgeknallt«.

Renzo kann in die Zukunft sehen, er nimmt sie vorweg, er bezwingt sie, wie es nur ein großartiger Cowboy tun kann. Wenn ich genauer darüber nachdenke, sieht er auch ein bisschen so aus wie jemand, der in den grünen Weiten des Lebens zu Hause ist und sie erobert. Das scheinbare Chaos täuscht vielleicht auf den ersten Blick, weil wir eine konventionelle Vorstellung von erfolgreichen Unternehmern haben.

Mein Freund Renzo lacht gern, und er kann andere zum Lachen bringen.

Wir haben so viel über uns gelacht und uns gegenseitig auf den Arm genommen, immer mit dieser Schlichtheit, die nur Menschen mit großem Charakter besitzen.

Ich weiß noch, wie wir einmal nach Rumänien reisen wollten und in einen Privatjet stiegen – das Sinnbild für Privilegien und Exklusivität schlechthin. Renzo brach diese Regel und ließ uns alle auf dem Boden hocken, nicht in den ebenso luxuriösen wie schlaffen Ledersesseln. Dann zog er aus seinem Backpacker-Rucksack ein riesiges Stück Grana

Padano, eine Salami, die er angeblich selbst gestopft hatte, ein frisches Brot und eine gute Flasche Wein ... natürlich *rosso*.

Sofort änderte sich die Stimmung, und wir lachten die ganze Reise über, während er uns erklärte, wie er sich die Zukunft vorstellte. Ich erinnere mich noch an jedes Wort seiner »verrückten« Visionen.

Renzo ist ein Mensch voller Leidenschaften, und der Wein ist eine davon. Als großer Unternehmer und Kunstkenner kann er auch die neuesten Trends vorwegnehmen, indem er junge kreative Talente überall auf der Welt sucht, denen er seine Vision anvertraut, um sie dann in die unterschiedlichsten Formen zu bringen.

Es gefällt ihm, sich »dumm« zu fühlen – nicht mit dem Strom zu schwimmen, sondern frei und unabhängig zu sein.

Also möchte auch ich dumm sein wie mein Freund R. R., der mit Rolls Royce nur die Initialen gemein hat und dem es gelungen ist, in unserem Land, in unserem geliebten Veneto, junge Menschen um sich zu scharen, denen er einen Traum geschenkt hat, eine Herausforderung, ein Unternehmen, das heute in der ganzen Welt bekannt ist und von allen geschätzt wird.

Renzo, dein Freund zu sein, macht auch mich dumm.

Danke,

Roberto Baggio

85

DER KLUGE PLANT. DER DUMME IMPROVISIERT. /08

DER KLUGE PLANT. DER DUMME IMPROVISIERT.

Schrumpfen, um zu wachsen

Eines Tages verkündete ich, dass wir unser Vertriebsnetz straffen und 2.000 Verkaufsstellen schließen würden. Natürlich glaubten alle, ich sei verrückt geworden, und mein Geschäftsführer wollte mich umbringen.

Die Situation sah damals so aus: Mitte der neunzigerjahre war Diesel so gewachsen, dass unsere Produkte auf der ganzen Welt in völlig unterschiedlichen Geschäften verkauft wurden, in großen und kleinen, eleganten und ganz normalen. Um uns von den anderen Namen abzuheben, die den Jeansmarkt überschwemmten, wollte ich Diesel zu einer exklusiven Marke machen. Der erste Schritt dazu war eine drastische Reduzierung der Vertriebskanäle und die Eröffnung von Single-Brand-Stores. Ich wollte ein exklusives Konzept entwickeln und das Image der Marke besser kontrollieren. Meiner Vorstellung nach sollten wir unsere gesamte Produktpalette in ihrer Schönheit und Einzigartigkeit zeigen, vor allem aber den ganzen Diesel-Lifestyle, und da schien es mir wichtig, bei den Läden anzufangen. Das Verkaufsambiente ist entscheidend, weil es eine klare Vorstellung von der Marke vermittelt.

Die ersten Geschäfte waren wunderschön: New York, London, Rom, jeweils sehr verschieden, mit eigener Identität und sehr viel Charakter. Bald aber ergab sich die Notwendigkeit, ein »Modell«-Geschäft zu entwickeln, das sich schnell überall einrichten ließ. Wir gaben bei einer großen englischen Agentur einen Prototyp in Auftrag, den wir

dann auf der ganzen Welt einsetzten. Die Geschäfte liefen gut, aber ich war nicht zufrieden, ich hatte überhaupt keine Lust, in diese Diesel-Geschäfte zu gehen. Schließlich trat ich bei einem internationalen Treffen aller unserer Verkaufs- und Marketingmanager wie ein Gladiator gekleidet ans Rednerpult und verkündete eine wichtige Neuerung: »Es läuft alles gut, aber trotzdem möchte ich alles ändern. Ich möchte, dass jeder Laden seine eigene, individuelle Innenausstattung bekommt, und ich möchte auch, dass jeder Laden unterschiedliche Produkte anbietet, zugeschnitten auf die jeweilige Stadt, auf die Straße, in der er liegt, und auf das Publikum.« Meine Manager hassten mich dafür, aber der durchschnittliche Diesel-Kunde ist Kosmopolit und viel unterwegs, und ich wollte ihm einen Grund geben, die Diesel-Geschäfte in den Städten, in die er kommt, zu besuchen. Für die Fans der Marke sollten diese Läden zu unverzichtbaren Anlaufstellen in jeder neuen Stadt werden. Um sie den Kundenwünschen anzupassen, begann ich Container mit Möbeln, Schildern, Plakaten und Zubehör in Second-Hand-Läden überall auf der Welt zu kaufen. Und ich sorgte dafür, dass unsere eigene Innenausstattungsabteilung ein Geschäft nach dem anderen zusammen mit lokalen Architekten überarbeitete. Bei der Auswahl der Standorte vertraute ich nicht den Immobilienmaklern, sondern ging selbst in Clubs und versuchte herauszufinden, wo die trendigsten Viertel lagen. Das hatte auch den Vorteil, dass die Mieten niedriger waren und wir neue, aufblühende Stadtviertel entdeckten: Wir verdienten uns den Ruf eines Pioniers in aufstrebenden Shoppingmeilen.
Heute hat ein Kunde in jedem Diesel-Geschäft, das er betritt, ein jeweils anderes Einkaufserlebnis.

DER KLUGE PLANT. DER DUMME IMPROVISIERT.

Die Strategie des Dummen

Die Kapitelüberschrift spiegelt vielleicht nicht genau den Ansatz des Dummen wider. Tatsächlich plant meiner Meinung nach auch der Dumme, aber die Herangehensweise ist eine andere.

Bei der Mehrheit der großen Unternehmen (wenn auch nicht bei allen) beginnt die Planung damit, dass sie die beste Strategie mit den verschiedensten Analyseinstrumenten bestimmen. In Firmen wie Diesel beginnt die Planung dagegen mit einer Intuition, die keine Laune des Augenblicks ist, sondern ein Herz- und Bauchgefühl, ein Gespür für das, was unternehmerisch jetzt gerade wichtig ist. Renzo Rosso »spürte«, dass es wichtig war, Diesel zu einer exklusiven Marke zu formen. Renzo Rosso »spürte«, dass jedes Geschäft weltweit ein einzigartiges Einkaufserlebnis bieten musste, um kosmopolitische, weltgewandte Kunden anzuziehen. Renzo Rosso »spürte«, dass es besser war, Läden in trendigen Vierteln zu eröffnen (auch, um weniger Miete zu bezahlen). Damit diese Gefühle das ganze Unternehmen prägen konnten, musste er die Veränderungen natürlich planen: Man kann nicht von einem Tag auf den anderen 2.000 Verkaufsstellen schließen oder alle Geschäfte gleichzeitig runderneuern (das geht aus wirtschaftlichen, aber auch aus praktischen Erwägungen heraus nicht), und deshalb ist es nötig, den Veränderungsprozess zu steuern und zum Beispiel zu entscheiden, in welcher Weltgegend er beginnen soll.

Kurz gesagt: Der Dumme plant nicht den »Funken« der Veränderung, doch wenn der erst einmal da ist, dient die Pla-

nung dazu, ihn im ganzen Unternehmen zu verbreiten.
Und eines muss noch gesagt werden: Renzo Rossos Entschei-
dungen haben einige Trends vorweggenommen, die sich da-
nach in der ganzen Modebranche durchsetzten. Der Dumme
sieht weit in die Zukunft!

My stupid ideas

DER KLUGE HAT DAS HIRN. DER DUMME HAT DEN MUT. /09

DER KLUGE HAT DAS HIRN. DER DUMME HAT DEN MUT.

Eine Adresse in New York

Ich möchte jetzt die Geschichte unseres ersten Geschäfts in Amerika erzählen. Im Jahr 1996 war Diesel schon zu einer internationalen Marke aufgestiegen. Die trendbewussten jungen Leute hatten angefangen, unsere Sachen zu kaufen, und in Europa und Asien stiegen die Umsätze stark. Auch in den Vereinigten Staaten begannen die Geschäfte gut zu laufen, aber die Situation dort war komplizierter.

Als ich intensiver über Amerika nachdachte, das Land, das meinen Geschäftssinn geprägt hatte, beschloss ich, mein erstes reines Diesel-Geschäft in New York zu eröffnen.

Es war ein heiß umkämpfter Markt, aber das war mir egal: Die USA hatten die Träume meiner Jugend geprägt. Amerika war ein Mythos – die Heimat von James Dean, Jeans und Rock'n'Roll. Diesel durfte da nicht außen vor bleiben.

Lange hatte ich Levi's beobachtet, dessen Markenstatus und all die Vintage-Produkte, und deshalb sah ich in der Vorstellung, ein Geschäft ganz in der Nähe eines Levi's-Ladens zu eröffnen, eine echte Herausforderung. Der Flagship-Store von Levi's in der Lexington Avenue, gegenüber von Bloomingdale's, war gerade eröffnet worden, und genau dort wollte ich auch mein Geschäft haben, direkt vor ihrer Nase. Ich war so überzeugt von der Qualität und Einzigartigkeit unserer Produkte, dass ich die Konfrontation nicht scheute – ganz im Gegenteil. Ihr denkt vielleicht, dass diese Entscheidung absolut dumm war. Gut, wartet, bis ihr den Rest der Geschichte hört.

Ich erfuhr, dass das Gebäude, in das ich mich verliebt hatte, an eine große amerikanische Marke verkauft werden sollte. Ich nahm meinen ganzen Mut zusammen, ging ins Büro des Hauseigentümers und legte nach langen Verhandlungen einen Scheck über eine Million Dollar als Eintrittsgeld auf den Tisch. Wahrscheinlich war ich derjenige, der das Konzept des »Schlüsselgeldes« in den Vereinigten Staaten einführte. Natürlich akzeptierte der Eigentümer sofort, und das war der Anfang meines ersten Geschäfts in New York. Es war absolut verrückt: 1.400 Quadratmeter Ladenfläche, die ich mit meinen Sachen gar nicht füllen konnte. Deshalb plante ich Entertainment-Flächen (Bar, Mischpulte für DJs usw.) mitten im Laden: Bald fanden dort jeden Freitag von sechs Uhr abends bis Ladenschluss Partys statt. Die Begeisterung der Kunden und vor allem die Gesichter der Verkäufer im Laden gegenüber kann man sich vorstellen!

Auch die Personalauswahl war eine Geschichte für sich. Nach einer Anzeige in den Tageszeitungen kamen 500 Bewerber und Bewerberinnen in einem Broadway-Theater zusammen, wo sie jeweils zwei Minuten Zeit hatten, sich darzustellen: tanzend, singend, improvisierend – sie sollten sich ausdrücken, wie sie wollten. Es war ein Spektakel, eine echte Reality Show. So suchten wir 52 Verkäuferinnen und Verkäufer aus. Ich erinnere mich noch an das Gesicht der zweiundfünfzigsten, eines Mädchens asiatischer Abstammung, das in Tränen ausbrach. So bekamen wir eine Truppe von total coolen Verkäufern zusammen, die keinen blassen Schimmer vom Verkaufen hatten.

Es versteht sich von selbst, dass das Ganze ein gigantischer Erfolg war.

DER KLUGE HAT DAS HIRN. DER DUMME HAT DEN MUT.

Die Strategie des Dummen

Wenn ein Unternehmen schon stark ist, wenn finanzielle Ressourcen vorhanden sind, um Neues auszuprobieren, wenn tolle Mitarbeiter da sind, wenn der wichtigste Konkurrent eingekreist ist, stellt sich die Frage: Greifen wir ihn frontal auf seinem Heimatmarkt an oder nicht?

In den Management-Fakultäten diskutiert man diese Angriffsstrategie oft, und eine einschlägige Antwort gibt es nicht. Sicher braucht man Mut, um das zu versuchen. Und sicher kann man es nicht mit einer Strategie tun, die den Wettbewerber nur nachahmt. Renzo Rosso verließ sich auf ein Zusammenspiel aus verschiedenen Neuerungen (die Entertainment-Flächen, die Partys, die coolen Verkäufer und andere Dinge), die den Laden aus der Masse hervorhoben und den Erfolg begünstigten.

Diese Passage ist in meinen Augen eine der faszinierendsten in der Geschichte der Marke Diesel, weil ich glaube, dass wir in Italien einen großen Mangel an mutigen Unternehmern haben. Viele italienische Firmen haben alles, um den Versuch zu wagen und den Weltmarktführer direkt anzugehen, aber sie schrecken im letzten Moment davor zurück.

Ich weiß, dass ein solcher Angriff heftige Reaktionen provozieren kann, weil er womöglich bestehende Gleichgewichte ins Wanken bringt, aber ich bin überzeugt, dass diese Firmen alles haben, was sie für einen Erfolg brauchen: Produkte, Menschen, finanzielle Ressourcen. Und es besteht die Gefahr,

98

dass sie, wenn sie nichts tun, früher oder später zur Beute ihres Konkurrenten werden.
Vielleicht fehlt ihnen nur eine Prise »dummer« Mut!

My stupid ideas

SEI DUMM: MAN KANN DABEI NICHTS FALSCH MACHEN.

/10

SEI DUMM: MAN KANN DABEI NICHTS FALSCH MACHEN.

Eine Revolution in der Werbung

Alles Monotone und sich Wiederholende war mir schon immer zuwider. Ich erwarte immer einzigartige und neue Ideen, auch für die Werbekampagnen. Es interessiert mich nicht, ob die von letzter Saison ein Knaller war – ich will für die nächste Saison eine ganz andere. Nach diesem Kriterium haben wir unsere Werbekampagnen aufgebaut. Die Leute fragen mich immer, welche ich am besten finde: In meinen Augen sind sie eigentlich alle fantastisch, aber hier beschäftige ich mich nur mit denen, die mir am meisten Spaß gemacht haben, weil sie meinem Sinn für Humor am nächsten kamen.

»Super Denim« war eine Werbung für ein fiktives Produkt. Ein dicker Inder, ein echter Aufschneider, preist Jeans aus einem Synthetikstoff an, der sie angeblich »superwiderstandsfähig« macht. Es war eine Mischung aus Bollywood-Film und Jerry-Lewis-Komödie, das Absurdeste, das man sich vorstellen kann. Nach der ersten Vorführung sagte ich: »Aber so wird niemand unsere Jeans kaufen!« Doch je öfter ich den Film sah, desto besser gefiel er mir, und ich fand es unglaublich attraktiv, unser Produkt ins Lächerliche zu ziehen. Eine andere Werbung hat die Form einer amerikanischen Fernsehshow über die »Suche nach Jesus«. Verschiedene Clips zeigen Menschen, die behaupten, dass sie Kranke heilen oder auf dem Wasser wandeln können. Leider fällt der alte Mann, der wundersamerweise aus dem Rollstuhl aufsteht, nach zwei Schritten furchtbar auf die Nase. Und der Junge, der versucht, über das Wasser zu gehen, versinkt sofort in den

Fluten. Schließlich offenbart sich der richtige Jesus als Parkwächter asiatischer Herkunft (der natürlich Diesel trägt).
Zu meinen Lieblingsclips gehört ein nachgestellter Western, in dem der Böse ein fetter, hässlicher Pistolero ist. Es fängt damit an, dass er neben einer grotesk hässlichen …, nun, nennen wir sie eine Frau mit lockerem Lebenswandel … aufwacht. Der Pistolero zieht ihr das Laken übers Gesicht, schnallt sich den Colt um und steigt die Treppe hinunter. Vor der Tür des Salons tritt er einen Hund. Dann duelliert er sich auf der Straße mit dem schönen Helden, der von Kopf bis Fuß in Diesel gekleidet ist und – Überraschung! – erschossen wird. Der Hässliche geht weg, nicht ohne uns zunächst noch mit einem Finger in der Nase gegrüßt zu haben.
Wir haben auch eine polnische Country-Sängerin erfunden: Joanna. Sie trat öffentlich auf und fand sich sogar in der Regenbogenpresse wieder. Sie war so gefragt, dass wir mehrere Mädchen in verschiedenen Ländern anheuern mussten, die sie bei Auftritten spielten. Ich glaube, keine von ihnen konnte wirklich singen. Joanna machte uns einige Probleme, weil die Journalisten uns immer wieder nach ihrer echten Identität fragten und ihre Existenz bestätigt haben wollten. Wir antworteten in ihrem Namen, auch auf die ganze Fanpost. Wir hatten die erste »Instant-Celebrity« geschaffen. Ein Journalist von Women's Wear Daily, der über Joanna geschrieben hatte, sprach monatelang nicht mehr mit uns, nachdem ein Reporter der New York Post die Wahrheit herausgefunden und sich über ihn lustig gemacht hatte.
Hinter den Botschaften aller unserer Kampagnen steht der Spass daran, uns selbst und andere zu amüsieren, Aufmerksamkeit zu erregen und gemeinsam mit unseren Fans zu lachen, wobei wir manchmal auch heikle soziale Themen ansprechen – aber immer mit einem Lächeln auf den Lippen.

SEI DUMM: MAN KANN DABEI NICHTS FALSCH MACHEN.

Die Strategie des Dummen

Es ist für einen Management-Fachmann nicht leicht, dieses Kapitel zu kommentieren. In einem ersten Impuls wollte ich schreiben, dass die Überschrift falsch ist, weil auch der Dumme irren kann, zumindest, was die richtige Vorgehensweise oder den richtigen Zeitpunkt betrifft. Aber vielleicht sollten wir nach einer tieferen Wahrheit in Renzo Rossos Worten suchen.

Wenn der Dumme jemand ist, der staunen kann, der die Welt mit einer gewissen Naivität sehen kann, dann kann diese »Reinheit« viele Formen annehmen. Und vor allem hat es keinen Sinn, sich die Frage zu stellen, ob es eine richtige und eine falsche Art des Staunens gibt. Jeder staunt und erstaunt andere mit den Dingen, die seinem eigenen Empfinden am nächsten liegen.

Wenn wir künstlerische Aktivitäten nehmen, so arbeiten in diesem Umfeld sicher viele Menschen, die sich und andere zum Staunen bringen können. Wenn wir ein Kunstwerk betrachten, können wir nicht bewerten, ob es richtig oder falsch ist, sondern wir spüren, ob es uns gefällt oder nicht, ob es Emotionen weckt oder nicht, ob es uns hilft, die Realität besser zu verstehen oder nicht.

In diesem Sinn gibt es keine falsche Art, dumm zu sein. In meinen Augen ist es kein Zufall, dass sich zwischen Unternehmern und Künstlern oft eine fruchtbare Zusammenarbeit entwickelt oder auch einfach weite Räume für Diskussionen und Auseinandersetzungen entstehen. Der Unternehmer ist ebenso wie der wahre Künstler von Leidenschaft getrieben,

er widmet sich mühevoller Arbeit, er versucht, Schönheit zu vermitteln, um Mitarbeiter wie Kunden anzuziehen.
Eine weitere Erkenntnis kann man aus diesem Kapitel gewinnen: Der Mode-Sektor tobt sich intensiver in der Werbung aus als andere Branchen, obwohl sich die Freiheit auf allen Feldern ausloten lässt, wenn man das will. Wichtig ist, es zu wollen und sich nicht mit der letzten guten Kampagne oder dem letzten Erfolg zufriedenzugeben.

My stupid ideas

DER KLUGE HATTE EINE EINZIGE GUTE IDEE, UND DIE WAR DUMM.

/11

DER KLUGE HATTE EINE EINZIGE GUTE IDEE, UND DIE WAR DUMM.

Der Angriff der Klon-Krieger

Werbung ist Teamarbeit. Wie schon gesagt, hat Diesel nicht den einen Kreativ-Guru: Wir haben ein Team von Kreativen, zu denen auch ich zähle, und unsere Werbeagenturen werden Teil des Teams, wenn sie mit uns arbeiten.

Während all dieser Jahre haben wir mit unseren Werbekampagnen so viele Preise in so vielen verschiedenen Ländern gewonnen, darunter etliche Goldene und Silberne Löwen beim Internationalen Werbefilmfestival in Cannes. Im Jahr 1998 wurde ich als »Advertiser of the Year« mit dem weltweit begehrtesten Preis der Werbebranche ausgezeichnet. Ich bin fest davon überzeugt, dass es nur gerecht ist, solche Erfolge mit allen zu teilen, die für und mit uns arbeiten. Sobald ich deshalb wusste, dass ich den Preis entgegennehmen sollte, dachte ich hektisch darüber nach, wie und wann ich das machen sollte.

Die Vorstellung, dass diese Anerkennung nur für mich bestimmt war, berührte mich peinlich, weil ich nur allzu gut wusste, wie viele andere Menschen zu diesem Erfolg beigetragen hatten. Deshalb hatten wir eine Idee.

Ich holte mir aus London einen Maskenbildner vom Film und ließ ihn fünf Gummimasken von meinem Gesicht anfertigen. Den vier wichtigsten Kreativen in meinem Team gab ich je eine davon, und wir reisten nach Cannes, um den Preis entgegenzunehmen, natürlich alle gleich gekleidet. Als der Moderator mich aufrief, kamen wir einer nach dem anderen aus verschiedenen Richtungen auf die Bühne

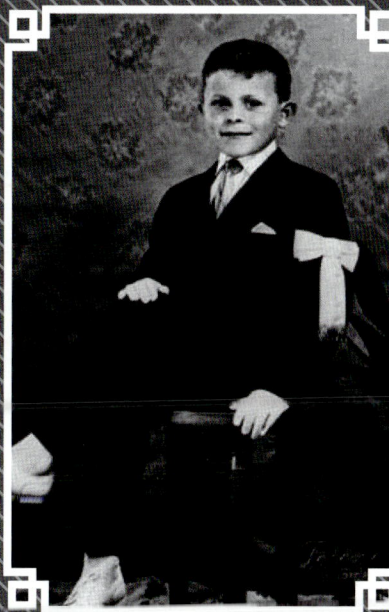

Meine Eltern.
Ihnen verdanke ich alles.

Der Tag meiner Erstkommunion.
Damals waren die Jeans noch nicht
in mein Leben getreten.

Mein Geburtshaus und mein erstes Auto.

Mit dieser Nähmaschine begann meine Karriere.

Der erste Firmensitz von Diesel ...

... der zweite ...

... und der jetzige Firmensitz.

Das Pelican Hotel in Miami.

Das erste Diesel-Geschäft in New York.

»The Daily African«: eine unserer umstrittensten Werbekampagnen.

Die Preisverleihung zum »Advertiser of the Year« in Cannes 1998: fünf Renzos auf der Bühne!

Das große Fest zum 30. Geburtstag von Diesel.

Only The Brave Foundation: Kinder in unserem Dorf in Mali.

Die Mitarbeiter von Maison Martin Margiela.

Diesel Farm.
(So heißt sein Bauernhof mit
Weingut bei Marostica)

Mein »Nachwuchs«: Dean & Dan (Dsquared²).

Meine großartigen Kinder: Andrea, Stefano, Alessia, Luna, Asia und India.

Das Büro, in dem ich seit dreißig Jahren bei Diesel arbeite.

und sorgten erst einmal für einige Verwirrung. Es war eine Show für den Direktor des Festivals, für die Organisatoren und das Publikum! In dem Moment zog ich mir die Maske ab und stellte mein Team vor. Das war meine Art zu sagen, dass der Preis nicht allein mir zustand, und den Wert meiner Mitarbeiter anzuerkennen.

DER KLUGE HATTE EINE EINZIGE GUTE IDEE, UND DIE WAR DUMM.

Die Strategie des Dummen

Dies ist ein besonders einleuchtendes Beispiel für gutes Management (auch wenn Renzo Rosso dieser Begriff vielleicht nicht gefällt) in diesem Buch. Man stelle sich nur vor, was in den Köpfen der vier Kreativen vorging, die das Gesicht und den Bühnenauftritt in Cannes mit Renzo Rosso teilten. Wie kann man sich nach einer so eindrucksvollen Erfahrung eines geteilten Erfolgs nicht maximal einsetzen für eben den Menschen, der die Intelligenz, das Einfühlungsvermögen, den Mut hatte, allen mit großer Deutlichkeit zu erklären, wie wichtig die eigenen Mitarbeiter sind? Und denken Sie an all die anderen Führungskräfte im Unternehmen. Wenn der Unternehmer seinen Erfolg für alle sichtbar mit seinen Mitarbeitern geteilt hat, wie kann es da noch passieren, dass sich ein Manager die gute Arbeit eines anderen aneignet oder sie auch nur kommentarlos, ohne jedes Lob, hinnimmt? An jenem Abend hat Renzo Rosso ein für alle Mal ein sehr förderliches Klima in seiner Firma geschaffen.

Ich habe viele Unternehmer gesehen, die für ganz unterschiedliche Leistungen Preise gewonnen haben. Einige, aber wirklich nur wenige, machen sich noch nicht einmal die Mühe, darauf hinzuweisen, dass der Preis auch das Verdienst ihrer Mitarbeiter sei (sie erwähnen höchstens noch ihre Familie); einige andere, auch diesmal glücklicherweise nicht viele, erwähnen ihre Mitarbeiter, aber so distanziert, dass man die Pflichtübung dahinter spürt; viele andere verwenden viel mehr Dankesworte auf die eigenen Mitarbeiter als auf alle anderen; aber nur die wenigsten nehmen sich die Zeit, zu überlegen: »Wie kann ich allen innerhalb wie außerhalb des Unternehmens deutlich machen, dass wir wirklich ein Team sind?«, und finden darauf eine originelle Antwort. Sicher war die von Renzo Rosso wirklich sehr originell und, wie er sagen würde, sehr dumm!

My stupid ideas

DER KLUGE SAGT NEIN. DER DUMME SAGT JA.

/12

DER KLUGE SAGT NEIN. DER DUMME SAGT JA.

Risiko und Belohnung

Reden wir noch ein bisschen über Werbung: Ich möchte Ihnen eine weitere Anekdote erzählen, die zeigt, wie wichtig es ist, den eigenen Ideen treu zu bleiben.

Im Jahr 2001 entwickelten wir eine Werbekampagne unter dem Titel *The Daily African*. Sie beruhte auf einer einfachen, aber sehr provokanten Idee. Die Fotos zeigten farbige Menschen – Afrikaner – in einem grell luxuriösen Ambiente: Auf den Eingangsstufen einer Villa, in einem Arbeitszimmer voller Bücherregale, im Fond einer Limousine. Es waren Bilder des reichen amerikanischen Country Life mit afrikanischen, völlig in Diesel gekleideten Protagonisten. Die Fotos waren von Ausschnitten einer Zeitung begleitet, der wir den Namen *The Daily African* gegeben hatten, und die Artikel erzählten ganz andere Geschichten, als wir sie sonst von diesem Kontinent gewohnt sind. Die Schlagzeilen lauteten etwa: »Afrika verspricht Amerika Wirtschaftshilfe« oder »Afrikanische Expedition zur Erkundung des unbekannten Europa«. Andere Themen waren »das kaum zu steuernde europäische Bevölkerungswachstum, afrikanische Touristen, die von kalifornischen Rebellen als Geiseln genommen wurden, ein afrikanisches Raumfahrtprogramm …«.

Die Vorurteile über Afrika? Alle im echten Diesel-Stil völlig auf den Kopf gestellt. Und doch zweifelten wir an dieser Kampagne. Würde die afroamerikanische Community sie respektlos finden? Und wie würden die Afrikaner reagie-

120

ren? Wären womöglich alle beleidigt? Unsere Bedenken wuchsen: Vielleicht hatten wir es diesmal wirklich übertrieben.

Wir waren unsicher, aber die Fotos faszinierten uns, sie waren in unseren Augen etwas Besonderes. Es gab nur einen Weg herauszufinden, ob sie funktionieren würden, und so zeigten wir die Kampagne drei sehr einflussreichen Chefredakteuren: Ingrid Sischy von »Interview«, Kim Hastreiter von »Paper« und Emil Wilbekin von »Vibe«. Das Ergebnis war verblüffend. Alle hielten die Kampagne für absolut innovativ, direkt, mutig, respektvoll, intelligent und vor allem amüsant. Also machten wir sie.

Wie schon so oft kam erst einmal ein lauter Aufschrei, und die Bilder wurden in den Zeitschriften heiß diskutiert. Überraschend aber war, dass die Mehrheit fand, die Kampagne mokiere sich mit Humor über die üblichen Vorurteile in den Medien und die öffentliche Meinung über Afrika. *The Daily African* zählte bald zu den höchstgelobten Kampagnen unserer Geschichte. Sie gewann sogar den Grand Prix in Cannes. Das war natürlich nicht unser erster Preis, aber dieses Mal konnte ich wirklich nicht glauben, dass gerade diese Serie zur besten Pressekampagne der Welt gewählt werden würde, gegen Tausende von Konkurrenten! Im selben Jahr wechselten wir die Werbeagentur. Ich bin einfach dumm!

DER KLUGE SAGT NEIN. DER DUMME SAGT JA.

Die Strategie des Dummen

Wenn ein Ingenieur die Erforschung eines radikal innovativen Produktionsprozesses, ein Designer ein sehr originelles Produkt oder ein Werbemensch eine provokante Kampagne vorschlägt, kann der Unternehmer darum bitten, den Prozess, das Produkt oder die Kampagne zu überarbeiten, um das Risiko zu mindern.

Normalerweise ist das nicht sinnvoll, es sei denn, der Ingenieur, Designer oder Werbemensch ist völlig von der Rolle. Solche Vorschläge sind meist gut überlegt und können kaum noch substanziell verändert werden. Die beiden einzigen vernünftigen Antworten darauf sind, sich entweder zurückzuziehen und mit einem trockenen »Nein« zu antworten oder den Vorschlag anzunehmen und die Gelder für die Investition freizugeben.

Doch Innovationen, auch radikale, begründen auf lange Sicht den Erfolg eines Unternehmens.

Deshalb kann sich ein Unternehmer nicht zu viele »Neins« erlauben, wenn es um Verbesserungsvorschläge aus den eigenen Reihen geht. Er muss allerdings dafür sorgen, dass die Grenze nicht überschritten wird und der Absturz unvermeidlich ist. Die Idee, drei Chefredakteure von angesehenen und avantgardistischen Modezeitschriften (also Menschen, die es gewohnt sind, auf dem schmalen Grat zwischen Provokation und Skandal zu wandeln) vorher um eine Bewertung der Kampagne The Daily African zu bitten, war dumm, aber auch hilfreich, um zu erfahren, ob sie zu weit ging oder nicht. Der Dumm-Kluge will verstehen, auch wenn er andere fragen muss, ob er »ja« sagen kann, damit ihm ein so brillanter Vorschlag nicht durch die Lappen geht.

My stupid ideas

FREUNDE / 02

We're with stupid...

TO BE STUPID

TO BE FUNNY

TO BE UNIQUE

TO BE FREE

TO BE REAL

OR JUST TO BE

CAN BE STUPID

TO STAND UP FOR YOUR RIGHTS

CAN BE STUPID

GOING AGAINST THE GRAIN

CAN BE STUPID

WHAT'S LIFE FOR

IF YOU CAN'T BE STUPID!

TO BE STUPID CAN ALSO

BE CONSIDERED BEING BRAVE

LIKE OUR DEAR FRIEND

MISTER RR!

»ONLY THE BRAVE«

THE STUPID RISK TAKER

CHANGING THE WAYS OF LIFE

THANK YOU FOR BEING STUPID:
AND CHANGING OUR LIVES!

Dean und Dan Caten (DSquared²)

BIST DU KLUG GENUG, UM DUMM ZU SEIN?

/13

BIST DU KLUG GENUG, UM DUMM ZU SEIN?

Die Technik ist mein Spielplatz

Die Welt der Technik hat mich immer fasziniert. Schon in den Achtzigerjahren ließ ich in das Armaturenbrett meines Autos Knöpfe einbauen, mit denen ich das Tor in der Firma und zu Hause öffnen und die Lichter im Garten anschalten konnte! Schon damals hatte ich ein Telefon im Auto, das allerdings noch eher wie eine Schuhschachtel aussah. Und ich war bei den ersten tausend Glücklichen, die 1990 während der Weltmeisterschaft ein Handy auf Probe bekamen: ein bisschen kleiner als eine Schuhschachtel, aber man brauchte noch eine Umhängetasche, um es zu tragen! Auch in der Firma habe ich immer die neueste Generation aller technischen Errungenschaften haben wollen: Ein guter Teil der Innovationen in der Welt von CAD-CAM (die Software für die Entwicklung von Prototypen und die nachfolgende Konfektionierung oder für die Nichtfachleute das am Computer stattfindende Modell-Design) ist in unseren Büros mit unseren Technikern und Produktionsdirektoren entwickelt worden.

Im Jahr 1995 startete unsere Website, die eine echte Revolution anstieß: Wir waren die erste Modemarke, die sich im Internet präsentierte, und das, ohne unsere Produkte zu zeigen! Damals gab es in Amerika auch die ersten Online-Angebote verschiedenster Art, und ich dachte, dass auch wir unseren Online-Shop einrichten sollten. Ich wählte als Testland die Schweiz, weil wir dort eine Agentur gefunden hatten, die die Auslieferung der Bestellungen innerhalb von vierundzwanzig Stunden garantierte. Heute ist das etwas

132

ganz Normales, aber damals war eine Auslieferungszeit von drei, vier Tagen oder einer Woche die Norm. Wir boten unser Kernprodukt Jeans an, aber nur sehr wenige Modelle. Es war faszinierend, jeden Tag zu sehen, wie viele Menschen (eher wenige) unsere Website besuchten, was sie auswählten und welche Fragen sie stellten. Ich weiß noch, dass ich im siebten Himmel war, als wir es schafften, sechzehn Jeans an einem einzigen Tag zu verkaufen.

Aus ökonomischer Sicht hatte ein Online-Geschäft damals keinen Sinn, aber ich glaube, dass man den anderen immer einen Schritt voraus sein sollte. Heute ist es ein wichtiges Geschäftsfeld, das wir einem spezialisierten Partner, Yoox, anvertraut haben.

Das Internet hat sich auch immer stärker zu einem wichtigen Kommunikations- und Geschäftsinstrument für Diesel und zu einem Katalysator für unsere Investitionen entwickelt. Es gefällt mir, weil es demokratisch und transparent ist, eine direkte Kommunikation mit den Menschen ermöglicht und sich an ein junges, neugieriges und informiertes Publikum wendet. Es erlaubt uns, mit den Fans auf der ganzen Welt zu interagieren, unsere Botschaften über die sozialen Netzwerke zu kommunizieren, uns selbst auf den Arm zu nehmen und unseren Freunden dasselbe zu ermöglichen. Meine Vorliebe für solche Spielereien mag kindisch scheinen, aber sie hat zum Wachstum meines Unternehmens beigetragen.

BIST DU KLUG GENUG, UM DUMM ZU SEIN?

Die Strategie des Dummen

»Aus ökonomischer Sicht hatte ein Online-Geschäft damals keinen Sinn, aber ich glaube, dass man den anderen immer einen Schritt voraus sein soll-te.« Der Unternehmer kann es sich nicht erlauben, nicht in die Zukunft zu investieren, denn es sind gerade einige dieser Investitionen, die sich früher oder später als Wettbewerbsvorteile erweisen.

Die drei Investmentformen, die am ehesten zu einem dauerhafteren Vorteil für viele italienische Firmen führen, sind Investitionen in Marken, in neue geografische Märkte und in die Technik.

Renzo Rosso hat sich in allen drei Bereichen gut geschlagen. Im Umgang mit der Technik hat er keine Angst, er liebt sie innig und versucht unter den Early Adopters zu sein (und auch seine Mitarbeiter dazu zu ermuntern).

Die Early Adopters gehen natürlich einige Risiken ein, denn die Technik befindet sich ja oft noch in einer experimentellen Phase, aber sie haben den großen Vorteil, dass sie als Erste das Potenzial einer solchen Technik einschätzen können und vorbereitet sind, wenn sie sich durchsetzt.

Nicht zufällig hat Diesel früher und stärker als andere ins Internet investiert. Mit Hilfe dieses Instruments kann man Barrieren innerhalb wie außerhalb des Unternehmens niederreißen und direkt mit den Endverbrauchern kommunizieren – vor allem aber ist es das bevorzugte Kommunikationsinstrument der jungen Leute, und die stehen *im Mittelpunkt der Diesel-Strategie. Jede Verzögerung bei dieser Technik hätte dem Ansehen der Marke ernsthaft geschadet.*

My stupid ideas

DER DUMME ARBEITET MIT DEM SYSTEM VON VERSUCH UND IRRTUM. VOR ALLEM MIT DEM IRRTUM. /14

> **DER DUMME ARBEITET MIT DEM SYSTEM VON VERSUCH UND IRRTUM. VOR ALLEM MIT DEM IRRTUM.**

Damals ..., als es schiefging

Nicht immer bedeutet, dumm zu sein, auch, Erfolg zu haben. Gegen Ende der Achtzigerjahre begann ich Filialen in verschiedenen wichtigen Ländern aufzubauen. 1993 beschloss ich, eine argentinische Dependance in Buenos Aires zu eröffnen, weil die Stadt (in meinen Augen) das strategische Herz der Entwicklung Südamerikas war. Ich kaufte sogar ein wunderschönes Gebäude in La Boca (nur um viele Jahre später festzustellen, dass die Hälfte des Hauses, in dessen Fassade ich mich verliebt hatte, schon an die Stadt Buenos Aires verkauft war ...) und wollte dort unsere Vertretung für das Land und ganz Südamerika einrichten. Wir eröffneten schließlich drei Läden in der Hauptstadt.

Doch trotz aller Anstrengungen gelang es uns nicht, den Menschen dort die Logik einer rationalen und profitablen Geschäftsentwicklung nahezubringen. Da die Jahreszeiten in Argentinien denen auf der Nordhalbkugel entgegengesetzt sind, musste dieser Ableger die Produkte auf eigenes Risiko einkaufen und dann versuchen, sie sechs Monate später an den Mann beziehungsweise die Frau zu bringen. Dazu kam eine schwächelnde Wirtschaft, die einige Zeit später einen dramatischen Zusammenbruch mit einer historischen Geldentwertung erlebte. An diesem Punkt sah ich mich gezwungen, zum ersten Mal eine Zweigstelle zu schließen, die ich mit Herzblut aufgebaut hatte.

Eine weitere gescheiterte Operation war die Lizenz, die ich dem großen amerikanischen Unternehmen Russ Togs gab. Gegen Ende der Achtzigerjahre wurde Diesel richtig cool, und damals war es üblich, Lizenzen der eigenen Marke zu vergeben, über die sie in den verschiedenen regionalen Märkten produziert und vertrieben wurde. Wir waren alle voller Enthusiasmus und wollten etwas wirklich Tolles schaffen, doch ich konnte diesem großen Unternehmen, unter dessen Fittiche ich da geschlüpft war, einfach nicht die DNA, die Schwingungen, die Leidenschaft für das Produkt vermitteln, das ich dort machen wollte (und sie verstanden einfach nicht, was ich meinte). Amerika war damals ein völlig marketingorientiertes Land, in dem man sich nur für den mit der Schönheit eines Produktes verbundenen Wert interessierte. Russ Togs begann sofort, vom Original ausgehend ein einfacheres Produkt zu entwickeln, um die Preise der lokalen Konkurrenten unterbieten zu können. Heraus kam dabei ein echter Bastard, der nicht an die Qualität des Originals heranreichte, und die Zusammenarbeit endete nach nur zwei Jahren. Ich dachte damals, es genüge schon, sich in einem Land, in dem alles groß ist, mit einem großen Partner zusammenzutun, um Erfolg zu haben, ohne mir klar zu machen, dass das Produkt, das ich schaffen wollte, nicht einfach nur Geschäft war, sondern eine Seele hatte, die man nicht verkaufen konnte.

In meinem Leben habe ich viele dumme Fehler gemacht, aber sie haben mir glücklicherweise immer geholfen, zu lernen, mich weiterzuentwickeln, zu reifen, sodass ich dann an meiner Geschichte weiterarbeiten konnte.

141

DER DUMME ARBEITET MIT DEM SYSTEM VON VERSUCH UND IRRTUM. VOR ALLEM MIT DEM IRRTUM.

Die Strategie des Dummen

Ich stimme voll und ganz mit Renzo Rosso überein: Fehler können eine Erfolgsquelle sein – für einen Menschen wie für ein Unternehmen.

Ein junger Unternehmer, der seine Firma erfolgreich auf Wachstumskurs gebracht hatte, sagte mir einmal: »Für ein erfolgreiches Wachstum braucht man drei Dinge: die Fähigkeit zu führen, Erfahrung und schlechte Erfahrungen. Die schlechten Erfahrungen sind aus einer Erfolgsgeschichte nicht wegzudenken. Natürlich muss man auch die Kraft haben, die Scherben zusammenzukehren und neu anzufangen.«

Die besten Firmen sind nicht diejenigen, in denen keine Fehler gemacht werden (nur wer nichts tut, macht keine Fehler), und vielleicht noch nicht einmal diejenigen, in denen weniger Fehler gemacht werden als in anderen Firmen, sondern diejenigen, in denen man die Fehler rechtzeitig erkennt, schnell nach einer Lösung sucht und, wenn man keine Lösung findet, die Erfahrung abhakt und den damit verbundenen Verlust akzeptiert. Dann braucht man die Kraft, den Weg in der anderen Richtung wieder aufzunehmen. Um Fehler rechtzeitig zu erkennen, braucht man Demut; um das eigene Scheitern zu akzeptieren, Mut; um den Weg wieder aufzunehmen, Charakter. Das alles sind Eigenschaften, die der Dumme hat und die jeder von uns entwickeln kann, wenn er sich bemüht, die Realität mit der naiven Haltung eines »Dummkopfs« zu sehen, der mehr zu lernen als zu lehren hat. Als Universitätsprofessor weiß ich, wie schwer es ist, sich diese Haltung zu bewahren! Aber auf lange Sicht ist es die Mühe wert.

My stupid ideas

HALLO, DUMMKOPF. TSCHÜSS, HOSEN. /15

HALLO, DUMMKOPF. TSCHÜSS, HOSEN.

Unsere Nächte (und Tage) mit den beiden Heidis

Als alle nur noch auf Hüfte geschnittene Jeans haben wollten, kam mir eine Idee. Warum versteckte man seine Unterwäsche unter der Kleidung, statt sie zu einem Mittel der Kommunikation (um sich selbst, seine Persönlichkeit auszudrücken) und der Verführung zu machen? »Underwear«, im Modebereich seit langem eine ausschließlich Calvin Klein vorbehaltene Spielwiese, konnte mehr sein als schwarz und weiß und konnte sich mit Farben, Drucken, Mustern neu erfinden: das T-Shirt-Konzept, übertragen auf die berühmten »private parts«. Und dann fragte ich mich: Warum nicht auch beim Ausziehen Interesse wecken, einen Lifestyle vermitteln und einen Partner verführen? Unsere erste Unterwäschekollektion schlug ein wie eine Bombe und veränderte, wie das oft der Fall ist bei einem Erfolg, die Einstellung zu einer Sache insgesamt – in diesem Fall die Einstellung zum »Drunter«. Der weitaus einfachere Weg wäre gewesen, ein paar Fußballer und bekannte Models zu nehmen und ihre Luxuskörper in unseren Produkten zu fotografieren. Aber wir sind ja dumm.

Wir haben zwei junge Frauen genommen – wir nannten sie beide Heidi – und haben eine Geschichte erfunden, in der die beiden unseren Unterwäscheverkäufer Juan »kidnappten«, ihm die Kollektionen klauten und ihn eine Woche als Geisel in einem Hotelzimmer festhielten, während sie dort alle Musterstücke anprobierten. Das Zimmer war nichts anderes als ein Fernsehstudio wie bei »Big Brother« mit acht Kameras, die 24 Stunden sendeten und mit der Website diesel.com verbunden waren – die beiden Mädchen hatten unsere Seite »geentert«! Es war die Boomzeit der ersten sozialen Netzwerke: Die Mädchen benutzten MySpace und YouTube, um die Botschaft zu verbreiten, zeigten Videos und Fotos ihrer »Beute«. Die Zuschauer waren eingeladen, die Folterqualen auszuwählen, die die Heidis Juan zufügen sollten, etwa die Beine mit Wachs zu enthaaren oder ihm Eiswürfel in die Unterhose zu füllen. All ihre Streiche waren auf der Website zu sehen, und die witzigsten Szenen wurden regelmäßig auf YouTube veröffentlicht. Am dritten Tag verzeichneten wir über 3.000 Klicks.

Am Ende der Woche kam mein Sohn Stefano ins Zimmer, um Juan zu befreien (der über das Ende seines Abenteuers gar nicht so glücklich zu sein schien). Dazu musste auch er sich bis auf die Unterhose ausziehen und den beiden Heidis einen Werbevertrag versprechen!

Dieser neue Kommunikationstyp schlug hohe Wellen, und die Werbewelt erkannte uns erneut das Verdienst zu, neue Wege beschritten und eine gesellschaftliche Entwicklung (Big Brother, die sozialen Netzwerke) mit der Vermittlung einer Marke verbunden zu haben.

HALLO, DUMMKOPF. TSCHÜSS, HOSEN.

Die Strategie des Dummen

In diesem Kapitel kommen zwei Themen zur Sprache. Einmal geht es um den Einsatz aller Kommunikationsformen, die eher von jungen Menschen genutzt werden, wie etwa die sozialen Netzwerke. Darüber haben wir schon gesprochen. Zum anderen geht es um Wachstum durch Ausweitung der Produktpalette, in diesem Fall Unterwäsche. Firmen, die sich in einem kompetitiven Umfeld durchgesetzt haben, versuchen sich gern an einem Wachstum in benachbarten Produktbereichen.

Das Wachstum durch Erweiterung der Produktpalette zeichnet viele erfolgreiche Firmen der Modebranche aus, ist aber nicht ohne Risiken: Man läuft Gefahr, den Wert der Marke zu verwässern, wenn man sich auf ein Feld begibt, das nicht viel mit der ursprünglichen Kompetenz zu tun hat. Man läuft Gefahr, Geld zu verlieren, weil in diesem neuen Umfeld die Wettbewerbsbedingungen ganz anders sein können. Aber diese Art des Wachstums hat auch den großen Vorteil, dass man meist auf schon vorhandene Ressourcen zurückgreifen kann (bei Diesel: die so vielen Kunden schon bekannte Marke, die Kommunikationskompetenzen, das Vertriebsnetz) und vor allem, dass man das Unternehmen so vor einer gewissen Trägheit bewahrt. Eine Firma, die einen großen Erfolg gefeiert hat, neigt früher oder später dazu, sich »auf ihren Lorbeeren auszuruhen«. Die Expansion auf ein benachbartes Produktfeld zwingt sie dazu, neue Energien zu mobilisieren, um noch einmal einen ähnlichen Erfolg zu landen.

Diesel hat diese Strategie richtig eingesetzt: Sie haben sich ein

nahe liegendes Produktsegment erschlossen und eine innova-
tive Kommunikationsstrategie eingesetzt, um sich von schon
vorhandenen Konkurrenten abzusetzen. Vor allem aber ha-
ben sie ihre Kernprodukte nicht aus dem Blick verloren, die
ihnen noch immer den Großteil ihrer Gewinne liefern.

My stupid ideas

FREUNDE / 03

Lieber Renzo,

eines Morgens vor Tausenden und Abertausenden Jahren kam ein bärtiger, in Fell gehüllter Mann in seine Höhle zurück und rollte einen Baumstamm vor sich her. Den anderen sagte er, dass dieses Rollen doch irgendwie nützlich sein könnte. Sie erklärten ihn für dumm und rieten ihm, sich nicht allzu weit von der Höhle zu entfernen, wenn er nicht Gefahr laufen wollte, von einem Tier gefressen zu werden, das schneller und hungriger war als er.

Lieber Renzo, du bist in guter Gesellschaft. Auch Christoph Kolumbus hat man gesagt, wenn er weiter in jene Richtung segele, werde er bestenfalls auf einen Abgrund stoßen oder schlimmstenfalls auf ein Ungeheuer, das Dummköpfe fresse.

Du hast vielleicht etwas noch »Dümmeres« getan als Christoph Kolumbus. Er hat Amerika entdeckt, du hast gezeigt, dass man die Dinge immer wieder neu entdecken kann. Und das hast du mit dem weltweit gültigen Symbol der Rebellion, der Freiheit, der Gleichheit und der Individualität getan: MIT DER JEANS.

Die Jeans gab es schon, es war eine amerikanische Sache, das Symbol des Einflusses amerikanischer Werte auf die freie und befreite Welt. Du hast sie neu erfunden und dafür gesorgt, dass man sie im eigenen Heimatland, in den Vereinigten Staaten, neu entdeckte. Du bist dumm, Renzo! Wie hast du je glauben können, dass du Amerikanern Jeans verkaufen kannst?

Jedes Mal, wenn ich irgendwo auf der Welt die Marke Diesel sehe – und das passiert eigentlich überall –, denke ich daran, dass alles möglich ist, und fühle mich auch wie ein Dummkopf, der glaubt, dass die Welt Dumme braucht, mit dummen Ideen, wie du sie hast.

Der Dumme sieht Dinge, wo sie nicht sind, und die anderen halten ihn für dumm, aber diese Dinge sind da, man muss sie nur ans Licht holen (mit so viel Leidenschaft, Talent und Arbeit ... vielleicht reicht es deshalb noch nicht aus, dumm zu sein).
Ich war auf dem Fahrrad unterwegs, als ich das erste große Plakat von BE STUPID sah. Ich hielt an und zollte dir mit einem lauten Lachen Tribut.
Wunderbarer Renzo, du hast es auch diesmal wieder geschafft, du hast in nur zwei Worten das Gefühl unserer Zeit eingefangen.

Dein Freund Lorenzo »Jova«, Dummkopf in Ausbildung
(Lorenzo Cherubini)*

---

* Italienischer Texter, Sänger und Rapper (Anm. d. Ü.)

157

DER DUMME HAT MEHR FREUNDE.
/16

DER DUMME HAT MEHR FREUNDE.

Teamwork

Der größte Fehler, dem man aufsitzen kann, ist die Überzeugung, man könne alles allein machen. Nach mehr als 30 Jahren im Geschäft verwende ich noch immer sehr viel Zeit darauf, Partner und Mitarbeiter auszuwählen, und ich bin immer noch bereit, Dinge, die ich nicht weiß, von anderen zu lernen. Ein Satz der Be-Stupid-Kampagne lautet: »Der Kluge sieht die Dinge, wie sie sind, der Dumme, wie sie sein könnten.« So habe ich auch viele Menschen ausgewählt, die mit mir arbeiten und von denen einige eine unglaubliche Karriere in unserem Unternehmen gemacht haben. Ich bin dabei immer zwei Prinzipien gefolgt: Zunächst einmal halte ich »hungrige« Menschen für zupackender und motivierter als »arrivierte«. Genau deshalb suche ich oft in der zweiten Reihe, denn dort sind die Leute, die im Schatten ihrer Chefs stehen, aber die eigentliche Arbeit leisten: Das wissen sie auch, und sie wollen ihr Licht nicht mehr unter den Scheffel stellen. Das zweite Prinzip, das ich auch aus meiner eigenen Erfahrung abgeleitet habe, ist, dass es Menschen gibt, die eigentlich mehr wert sind, als ihr Rang und ihre bisherige Leistung vermuten lassen. Mir ist das öfter passiert: Als ich einen jungen Mann an einer Tankstelle kennenlernte und ihn zu meinem Vertriebschef für Deutschland machte (und er so erfolgreich war, dass er mir eines Tages einen Porsche schenkte!); als ich einen Mitarbeiter der italienischen Telecom (sie nannte sich damals noch SIP) zu meinem ersten Mediendirektor machte (mit dem wir all die ersten Löwen beim Werbefilmfestival in Cannes einheimsten); als ich als Erster in der Modebranche (Mitte der Neunzigerjahre) anfing, Manager aus anderen Großunternehmen wie Danone, Procter & Gamble, Unilever und so weiter in die Firma aufzunehmen.

Das war nicht leicht. Und damals schien es wirklich dumm zu sein. Aber es funktionierte fast immer! Obwohl ich nur in der Modebranche gearbeitet habe, war mir praktisch sofort klar, dass die Professionalität der Leute in diesem Sektor oft zu wünschen übrig ließ, sobald es darum ging, richtig groß zu denken. Ich war fasziniert von Amerika und von der amerikanischen Art, Geschäfte zu machen, und sehr bald fing ich an, internationalen Headhuntern zu erklären, was ich suchte. Zum Glück fand ich ein paar, die ebenso dumm waren wie ich und mir Kandidaten vorstellten, an die ich nie gedacht hätte (und auch die Kandidaten selbst fragten sich, was sie bei mir zu suchen hatten!). Es war eine Offenbarung. Natürlich war der Anfang immer sehr schwierig. Meine alten Mitarbeiter fragten: »Was soll der denn von Jeans oder Lifestyle verstehen, der hat bis gestern doch noch Zahnpasta oder Süßigkeiten verkauft.« Die Neuen, die Marktanalysen und andere Professionalitätsstandards gewohnt waren, erklärten mir, dass wir alles falsch machten, dass man die ganze Organisation umkrempeln müsse, dass man, um die Verkäufe zu steigern, ein wenig jener DNA opfern müsse, die ich in so vielen Jahren geschaffen hatte. Ich weiß noch, dass ich einmal an einem Tag gleich zehn Kündigungsschreiben auf dem Schreibtisch hatte. Ich heulte. Was zum Teufel hatte ich da getan? Aber wie so oft öffnete mir die Krise auch diesmal die Augen, und ich hatte eine Erleuchtung. Heraus kam ein Wert, der noch immer mit diesem Unternehmen und diesem Konzern verbunden ist, eine überzeugende Mischung aus Leidenschaft und Professionalität, ein Team, das es auch heute noch schafft, mich zum Staunen zu bringen und auf das ich stolz bin. Wenn ich mir sehr viel größere und strukturiertere Unternehmen ansehe als unseres, muss ich immer wieder denken, wie viel Glück ich doch hatte, dass ich mit meinem Team arbeiten durfte.

DER DUMME HAT MEHR FREUNDE.

Die Strategie des Dummen

Ich habe dem nichts hinzuzufügen: Das Kapitel verblüfft mich. Es beginnt mit einer großen Wahrheit: »Der größte Fehler, dem man aufsitzen kann, ist die Überzeugung, man könne alles allein machen.« Wer sich dies nicht klarmacht, kann kein Unternehmen aufbauen, das wächst und auf die Zukunft ausgerichtet ist, denn er kann nicht delegieren und fähige Manager anwerben.

Dann folgen einige nicht nur in der Modebranche gerade unglaublich aktuelle Überlegungen zum immer notwendigen Austausch auf der Managerebene, bei dem Menschen von außen mit einer gewissen Vielfalt von Erfahrungen einbezogen werden, die den langjährigen Mitarbeitern neue Anstrengungen abfordern. Vor allem aber beeindruckt mich an diesem Kapitel, dass Renzo Rosso erklärt, wie viel Zeit er der Zusammenarbeit von internen und externen Führungskräften gewidmet hat, also jenen, die schon lange mit ihm arbeiteten und jenen, die aus anderen Bereichen oder überhaupt aus anderen Unternehmen kamen. Viele Unternehmer konzentrieren ihre ganze Energie auf Produkte und Märkte, viele kümmern sich nur um Produktionsprozesse, einige um die wirtschaftlich-finanzielle Dimension. Ich glaube, dass es für unser Industriesystem sehr nützlich wäre, wenn mehr Unternehmer mehr Zeit darauf verwenden würden, mit ihren Mitarbeitern zu sprechen und ihnen zuzuhören, damit alle ihre Rolle im großen Ganzen finden können. Ohne diese Arbeit besteht die Gefahr, nicht zu merken, dass sich die Menschen mit nicht mehr tragbaren Renditen zufrieden geben oder sich

164

unbeabsichtigt eine gewisse Unsicherheit einschleicht – mit den dann abzusehenden Folgen. Ich weiß durchaus, dass Renzo Rosso dieses Buch nicht geschrieben hat, um irgendjemandem irgendetwas beizubringen, aber ganz sicher verdient dieses Kapitel eine »staunende« Lektüre.

My stupid ideas

167

DER DUMME IST KREATIVER.

/17

DER DUMME IST KREATIVER.

Diesel und der Einstieg in die Luxusmode

Die Neunzigerjahre waren eine Zeit des Luxus: Die berühmten Marken wuchsen, und offenbar waren die Konsumenten bereit, immer mehr für exklusive Produkte auszugeben. Ich fand das Geschäftsmodell des Luxusmarktes spannend: Im Grunde geht es darum, weniger, aber besonders hochwertige Qualität produzieren.

Diesel hatte diesen Weg schon mit sehr exklusiven, speziell vorbehandelten, einzigartigen Jeans eingeschlagen – wir waren die Pioniere des sogenannten »Premium Denim«.

Nach dem wirtschaftlichen Erfolg dieses Ansatzes dachte ich, dass wir einen Schritt weitergehen und eine avantgardistische Produktlinie für anspruchsvollere Kundinnen und Kunden kreieren sollten, denen Exklusivität wichtig war.

Also lancierten wir einen Markenableger namens DieselStyleLab, der, wie schon der Name sagt, nichts anderes war als eine echte experimentelle Designwerkstatt.

Um diese Linie zu produzieren, begab ich mich auf die Suche nach einer Prêt-à-porter-Firma, die unsere Stücke in Italien zuschneiden und nähen konnte. Ich fand sie in Staff International, einer Firma, die schon die Kollektionen von Marken wie Vivienne Westwood, Ungaro, Missoni, Costume National, Karl Lagerfeld und Maison Martin Margiela fertigte. Es waren im Grunde richtige Schneider: bescheidene, genaue Handwerker, die hinter den Kulissen arbeiteten. Doch trotz dieser Professionalität ging es Staff International in wirtschaftlicher Hinsicht nicht gut: Die Firma stand sogar, um es genauer zu sagen, kurz vor dem Bankrott. Sie leistete großartige Arbeit für DieselStyleLab, und ich wollte

170

nicht, dass sie zumachte. Deshalb entschloss ich mich 1999, das Unternehmen aufzukaufen – es war mein erster Schritt in eine neue Welt, die ich nicht kannte, in die Welt der hochwertigen Konfektionsware.

Bei der Übernahme von Staff International hätte ich es so machen können wie viele andere: Konkurs und dann eine Übernahme ohne Schulden und ohne überflüssiges Personal. Ich dagegen schlug dummerweise einen anderen Weg ein und machte mich selbst an die Reorganisation und den Neustart einer Firma von unschätzbarem Wert, deren Know-how zu verschwinden drohte. Ich erinnere mich noch an den ersten Tag nach dem Kauf. Die Angestellten waren ratlos und besorgt. Wahrscheinlich fragten sie sich, wie jemand, der bis dahin nur mit Jeans gearbeitet hatte, ihre Luxusmoden-Firma wieder in die schwarzen Zahlen bringen konnte. Es war eine schwierige, feindliche Stimmung zu spüren. Die Welt des Prêt-à-porter hatte immer auf die Welt der Freizeitkleidung herabgeschaut. Ich widmete mich mit ganzer Kraft der Umstrukturierung der Firma und brachte Frische, Innovation und Managementerfahrungen ein. Ihre Schneiderkunst verband ich mit meinen Kenntnissen in der Stoffbehandlung. Ich sortierte die Marken im Portfolio, behielt einige, ließ andere ziehen, die nicht mit meiner Vision einer Mode der Zukunft vereinbar waren, und brachte eine neue Marke ein, die sich mit der Zeit als eine großartige Investition erwies: Dsquared², eine »Brücken«-Marke zwischen meiner Welt und der von Staff International. Damit schuf ich ein heute sehr wichtiges Marktsegment: die Luxus-Freizeitmode.

Dank Staff International entdeckte ich die geheimnisvolle Welt faszinierender Designer und lernte die Maison Martin Margiela kennen, ein ungewöhnliches Modehaus, berühmt für seine minimalistischen Produkte, die als absolute Avantgarde, als Experiment an der Grenze zur Kunst galten. Der Gründer Martin Margiela war eine sehr rätselhafte Gestalt: Er gab keine Interviews und ließ sich nicht fotografieren – und das in einem Umfeld, in dem jede Marke von der Persönlichkeit und dem Charisma des jeweiligen Stylisten oder Visionärs lebte (und lebt). Martin war ein echtes Genie, seine Kleider forderten die konventionelle Vorstellung davon, wie ein Kleidungsstück sein muss, heraus: Er führte zum Beispiel aufgetrennte und wieder zusammengenähte Vintage-Kleider vor, Neuinterpretationen klassischer Roben.

Ich fühlte mich geschmeichelt, als er eines Tages kam und mich fragte, ob ich Interesse an einer Partnerschaft hätte und ihm bei der Entwicklung seiner Linie helfen wolle. Natürlich sagte ich zu. Erst später erfuhr ich, dass ihm schon größere Modeunternehmen die Partnerschaft angeboten hatten, er aber mich gewählt hatte, weil er wusste, dass er bei mir die Freiheit haben würde, seine Vision zu entwickeln und voranzutreiben.

Im Jahr 2002 begann also die Zusammenarbeit mit Martin, einer einzigartigen Persönlichkeit, einem echten Kreativen in jeder Hinsicht, mit einer wirklich ganz individuellen Vision, die er auf verschiedenen Feldern umsetzen konnte. Für jedes Problem, das ich ihm unterbreitete, fand er in wenigen Minuten mit sicherer Logik und einnehmendem Charme eine stets überzeugende und visionäre Lösung. Wir begannen, Managementstrategien und Technik in die Firma zu bringen und vor allem mehr Produktlinien (von der Kleidung bis hin zu Accessoires) zu entwickeln, die der Welt insgesamt das Margiela-Universum vor Augen führten: weiß, anders als alle anderen, »decalé«, in neuen

Räumen – die ersten Geschäfte, die nur seine Marke führten. Am Anfang war es nicht gerade leicht mit der Maison Margiela: Ich wollte moderne Strategien einführen, um die Marke wachsen zu lassen, aber gleichzeitig ihren Geist und ihre Originalität bewahren; das verzögerte die Umstrukturierung der Firma deutlich, aber ich bin unglaublich stolz auf das Ergebnis. Es war die Mühe wert, denn durch die Entwicklung der Maison bei gleichzeitiger Stärkung ihres Profils erwarb ich mir den Respekt der Modewelt, und heute ist unsere Gruppe meiner Meinung nach der gefragteste Partner für junge Design-Talente, die sich weiterentwickeln wollen.

Zu meinem großen Glück hat mir Martin von Anfang an sehr geholfen, die ganze Maison effizienter zu machen. Er wurde zum Motor dieser Innovation.

Und auch wenn er jetzt beschlossen hat, sich ins Privatleben zurückzuziehen, die Welt der Mode endgültig zu verlassen und sich der Kunst und der Entdeckung der Welt zu widmen, bringe ich ihm enorme Achtung, Bewunderung und großen Respekt für seine Entscheidungen entgegen.

Dieser Firmenaufkauf trug dazu bei, dass im Jahr 2002 Only The Brave aus der Taufe gehoben wurde, eine Holding, die heute Diesel, Maison Martin Margiela, Staff International und seit Kurzem auch Viktor & Rolf (zwei unglaublich kreativ arbeitende niederländische Designer) managt. Inzwischen hat Diesel seine erste Prêt-à-Porter-Linie (Diesel Black Gold) herausgebracht, die Premium-Version des Diesel-Lifestyle. Alle mit Only The Brave verbundenen Marken verkörpern meine Vision des »neuen Luxus«.

DER DUMME IST KREATIVER.

Strategie des Dummen

In der Geschichte eines jeden Unternehmens kommt früher oder später der Moment, in dem man sich entscheiden muss, ob man entschlossen in andere, verwandte Produktfelder expandiert. Renzo Rosso hatte Erfolg mit der Unterwäsche, und so war es ganz natürlich, auch über andere Möglichkeiten nachzudenken. Er hat allerdings einen originellen Weg gewählt: Zunächst hat er sich eine Prêt-à-porter-Schneiderei gesucht, um exklusive Jeans zu produzieren, dann gesehen, dass es der Firma nicht gutging, und sie dann lieber gleich gekauft, statt sich einen anderen Produzenten zu suchen. Eine erste Anmerkung: Er hat sie nicht aus dem Konkurs gekauft, bei dem immer ein ganzer Schatz an Kompetenzen verloren geht (der ja gerade für Diesel interessant war), sondern sie selbst umstrukturiert und dabei einen langen Atem (oder Weitblick) bewiesen. Nach der Neuorganisation hat er sich demütig bemüht, diese neue Welt kennenzulernen, und konnte den Menschen (wie Martin Margiela) »zuhören«, die schon lange in diesem Sektor arbeiteten. Ihnen bot er alle seine eigenen Erfahrungen mit Technik, Management, Produktstrategien. Eine zweite Anmerkung: Wie in aller Welt sind ausgerechnet Margiela und Rosso Freunde geworden? Vielleicht, weil Rosso nicht mit seiner Intelligenz oder seinem Geld protzte, vielleicht weil er sich nicht damit aufhielt, die Mängel der Maison zu kritisieren.

Ein scharfer Finanzanalyst wäre daran interessiert, ob die heute neben Diesel von Only The Brave kontrollierten Marken gute Gewinne abwerfen oder nicht. Ein Dummer ist vielleicht eher daran interessiert, dass Diesel, wenn die Firma

174

nicht diesen Weg eingeschlagen hätte, sich nie die Kompetenzen des Prêt-à-porter hätte aneignen können und dass auf lange Sicht die Diversifizierung des Risikos eine gute Strategie ist, um das Unternehmen im Familienbesitz zu erhalten.

My stupid ideas

SEI DUMM, UND DU WILLST NIE MEHR IRGENDWO ANDERS SEIN.
/18

SEI DUMM, UND DU WILLST NIE MEHR IRGEND- WO ANDERS SEIN.

Das erste Mode-Hotel

Zu Beginn einer Reise durch die Karibik, auf der ich Ideen für eine vom Meer und den Tropen inspirierte Kollektion sammeln wollte, machte ich mit meinem Designerfreund Reny in Miami halt. Wir spazierten am South Beach entlang, und ich war hingerissen von der faszinierenden Architektur und der Lage der kleinen Strandpromenade. Damals war dieses Viertel völlig dem Verfall preisgegeben. Die Art-Déco-Häuser am Ocean Drive waren baufällig und überaltert. Dort wohnten Rentner, die zum »Überwintern« in den Süden kamen.

Und doch herrschte eine magische Stimmung: Ein wunderbares Licht machte diesen Ort zu einer idealen Location für Mode-Shootings. Ich war wie hypnotisiert von dieser seltsamen Mischung aus verfallenden Gebäuden, alten Menschen, wunderhübschen Fotomodellen und Strand. Diese Gegend würde bald ihre Bedeutung zurückerlangen, und vielleicht war jetzt ein günstiger Moment, hier zu investieren.

Ich verliebte mich vor allem in ein Gebäude: das im Jahr 1933 errichtete Pelican Hotel. Achtundvierzig Stunden später gehörte es mir. Als ich nach Italien zurückkam, tobte mein Geschäftsführer, weil ich mein Geld so abenteuerlich und noch dazu in einem anderen Teil der Welt investiert hatte! Auch meine Mitarbeiter im amerikanischen Tochterunternehmen fanden die Idee völlig hirnrissig, weil die

180

Amerikaner nicht viel von Miami, einer Stadt voller Krimineller und südamerikanischer Wirtschaftsflüchtlinge, hielten. Damals hätte kein Amerikaner sich vorstellen können, in South Beach Urlaub zu machen.

Ich aber glaubte fest an meine dumme Idee, dass aus diesem Ort ein Urlaubsparadies nicht nur für Amerikaner werden konnte. Die Strände waren zu schön und die jungen Leute zu faszinierend – es musste einfach klappen. Also wollte ich ein Hotel außerhalb der Regeln und anders als die, die es schon gab, schaffen, ein »freundliches« Hotel, in dem sich der Gast ein bisschen wie zu Hause fühlen konnte. So etwas gab es damals in Miami noch nicht. Ich besprach die Idee mit meinen Kreativen, und alle waren begeistert: So entstand die Idee, jedes Zimmer anders, mit einem eigenen Thema, einzurichten. Eine brillante Idee, doch mir fehlte der Mensch, der das Projekt umsetzen konnte.

Ich fand ihn in Magnus, einem jungen Mann, der damals Jeans in Schweden verkaufte und an der Innenausstattung unserer schwedischen Tochterfirma mitgearbeitet hatte. Sein Stil war verrückt, etwa so verrückt wie die Idee, ihn für zwei Jahre nach Miami zu schicken, um dort die Arbeiten am Pelican zu planen und zu überwachen. Ich erklärte ihm, was mir vorschwebte: Ich wollte das erste Hotel schaffen, in dem sich alles um die Mode drehte.

Es musste ein ganz besonderer Ort sein, jedes Zimmer sollte anders aussehen. Der Gast sollte sich bei der Ankunft fragen: »Wer will ich heute abend sein?«, oder der Portier an der Rezeption sollte fragen: »In welcher Stimmung sind Sie heute?« So konnte er das Zimmer wählen, das besonders gut zur Gemütslage des Gastes passte. Gesagt, getan: Im Pelican gibt es ein minimalistisch eingerichtetes Zimmer, eines im Industriestil, ein Hightech-Zimmer. Es gibt

Räume, die wie Bordelle aussehen, psychedelische Zimmer und Zimmer aus verschiedenen Epochen. In welcher Stimmung Sie auch sind – eines der 27 Zimmer und Suiten ist das richtige für Sie (im obersten Stock habe ich mir meine amerikanische Wohnung eingerichtet).

Jetzt brauchte ich einen Hoteldirektor. Ein Freund von mir führte ein kleines Restaurant in Bassano. Er besaß zwei wichtige Eigenschaften: Er kannte sich mit allem rund um die Küche aus und und wusste, wie man seine Gäste verwöhnt. Ich hatte die dumme Idee, ihn nach Miami zu verpflanzen. Er musste sein Leben total umkrempeln, sein Restaurant verkaufen und sich der Führung eines Hotels widmen, das hundertmal komplizierter zu managen war als alles, was er bisher gemacht hatte, mit all den zu erwartenden Problemen einschließlich der Sprache, die er nicht sprach.

Heute ist es ganz normal, einen Menschen von einem Land in ein anderes zu schicken, aber vor 20 Jahren und ohne die modernen Kommunikationsmittel war es der reine Wahnsinn, Mitarbeiter von einem Teil der Welt in einen anderen zu verpflanzen. Ich wollte, dass das Pelican die Diesel-Philosophie und meinen Lebensstil vermittelte. Ich wollte eine Art Familiengeschäft aufziehen, in dem man auf den Gast und seine Wünsche einging: Das war schon immer die Ausgangsbasis aller Dinge gewesen, die ich in meinem Leben geschaffen hatte. Ein paar Jahre später gehörte das Pelican zu den 50 besten Boutique-Hotels der Welt. Es wurde sehr schnell zu einem beliebten Reiseziel.

Das Hotel öffnete 1993 als das erste Mode-Hotel weltweit. Seitdem wurden die anderen Hotels am Ocean Drive renoviert, und South Beach wurde zu einem von vielen Menschen in der ganzen Welt, vor allem von den Amerikanern, heißgeliebten Ferienort. Die Gegend sieht heute ganz anders aus als damals, als die Leute mich für dumm hielten, weil ich dort ein Hotel gekauft hatte.

SEI DUMM, UND DU WILLST NIE MEHR IRGEND-WO ANDERS SEIN.

Die Strategie des Dummen

Neben der Unterwäsche und dem Prêt-à-porter bietet sich die Gelegenheit, ein Hotel aufzubauen. Der »dumme« Unternehmer gibt nie Ruhe und lässt keine Gelegenheit aus, sich zu beweisen. Und die Zutaten sind immer dieselben: der Impuls, etwas Neues auszuprobieren, die Liebe zu einem alten Haus in einem noch nicht aufgewerteten Viertel (also mit niedrigen Investitionskosten), die Herausforderung an die Kreativen, eine radikale Innovation vorzuschlagen (das Mode-Hotel), der etwas verrückte schwedische Mitarbeiter (Magnus, der bereit war, sein Leben völlig zu ändern), der im Gastgewerbe erfahrene Freund (der Restaurantbesitzer aus Bassano, ebenfalls bereit, alles hinter sich zu lassen und das Risiko einzugehen), die Umsetzung eines Lebensstils, der auf das Gegenüber eingeht.

Vielleicht ist es gerade diese Fähigkeit, stabile traditionelle Werte (wie Freundschaft und Sympathie) mit radikaler Modernität (wie einem neuen Konzept im Gastgewerbe) zusammenzuführen, die am Pelican Hotel und an der ganzen Geschichte von Renzo Rosso, am Diesel-Lifestyle, so fasziniert. Wenn man die Modernität nicht im Blick behält, kann man nicht mit den Menschen von heute (und vor allem nicht mit der Jugend von heute) sprechen, doch ohne Tradition verliert man die Fähigkeit, den Gästen ein Gefühl der Geborgenheit zu bieten. Ganz sicher verliert man die Fähigkeit, eine Gemeinschaft innerhalb wie außerhalb des Unternehmens auf-

zubauen. Und gerade diese Gemeinschaft bildet die Basis für den langfristigen Erfolg von Diesel.

My stupid ideas

DIE DUMMHEIT WIRD WEITERGEGEBEN.

Dumm geboren und zur Dummheit erzogen

Unsere Familienbande sind immer sehr eng gewesen, wir teilen sehr starke Werte und Gefühle, die von unseren bäuerlichen Wurzeln und von einer einfachen Erziehung herrühren, aber das Schöne ist, dass zu diesen Werten eine einzigartige internationale, aufgeschlossene Weltsicht kommt, ohne falsche Ehrfurcht vor Autoritäten und mit einem starken Sinn für Humor – mit einem Wort: stupid! Als wir klein waren, brachten unsere Eltern uns praktisch jeden Sommer zu unseren Großeltern auf den Bauernhof: Dort hatten wir so viel Spaß, und wir zählten die Tage, bis wir wieder dorthin durften. Wir machten lauter dumme Sachen, wir schlichen uns auf den Parkplatz und warfen den Motor des Traktors an, wir sprangen in das Silo mit den Maiskolben, und wir kurvten mit dem Fiat 126 unseres Opas auf den Feldern herum.

Aber wir hatten keine ganz normale Kindheit, denn wir verbrachten auch viel Zeit mit Diesel. Schon als kleine Kinder schliefen wir sogar in den Kisten mit den Jeans, während unsere Eltern arbeiteten. Und wir erfanden oft Spiele, um uns die Zeit zu vertreiben – wir kugelten Jeansberge hinunter oder bauten uns Häuser aus Schachteln und Klebeband.

Dieser Kontakt mit dem Unternehmen sorgte dafür, dass wir vieles früher als unsere Altersgenossen erlebten, und vermittelte uns ein starkes Gefühl der Offenheit gegenüber »dem Anderen«: Nicht alle hatten Eltern, die ihre Kinder schon als Zehnjährige zu Modenschauen in Clubs mitschleppten, die ständig seltsame, alle möglichen Sprachen sprechende Typen nach Hause einluden, mit Haaren in jeder Länge und Farbe, oder die Interkontinentalreisen in exotische Länder unternahmen, um Produktionsstätten zu besichtigen (und das dann Urlaub nannten)! Vielleicht sind wir deshalb alle nach dem Studium ins Ausland gegangen, um Erfahrungen mit dem Leben dort zu sammeln und unserer natürlichen Neigung nachzugehen – DUMM zu sein. Ein bisschen DUMM wird man geboren, und wir hatten das Glück, in einem idealen Umfeld aufzuwachsen, um unsere Dummheit zu pflegen.

Aber DUMM wird man auch erzogen, mit dem Mut zur Veränderung, dem Mut, Dinge anders zu tun, als das Schicksal es offenbar geplant hat. Man wird visionär – man sieht die Dinge, wie sie sein könnten, nicht, wie sie sind. Das sind die wichtigsten Lehren, die unsere Eltern uns mitgegeben haben, und dafür können wir ihnen gar nicht genug danken.

BE FREE, BE BRAVE, BE STUPID

Andrea, Stefano und Alessia Rosso

DUMMHEIT TUT DIR GUT.

Die Stiftung

Ich bin überzeugt, dass ein Unternehmer immer etwas zurückgeben sollte: den Mitarbeitern, den Kunden und der Welt ganz allgemein.

Deshalb bin ich immer auch an humanitären Projekten beteiligt gewesen, vor allem auf lokaler Ebene und weit weg von allen Scheinwerfern. Ich habe nicht überall damit geprahlt und wollte das lieber im Stillen tun.

Dann lernte ich eines Tages Seine Heiligkeit, den Dalai Lama, kennen.

Er sagte mir: »Du solltest deinen Namen in die Waagschale werfen! Die Menschen kennen dich, dein Name hat Gewicht. Du kannst die Aufmerksamkeit anderer wecken, die dir helfen wollen.«

Er riet mir, meine verschiedenen Wohltätigkeitsaktivitäten straffer zu strukturieren. »Du bist Geschäftsmann«, erklärte er mir, »dein Job ist es, Geld zu verdienen, also konzentriere dich darauf. Aber du brauchst ein Team, das dir hilft, dieses Geld gut einzusetzen.«

Also rief ich eine gemeinnützige Stiftung, die Only The Brave Foundation, ins Leben, um Jugendliche zu mobilisieren und sie in ihrem Kampf gegen die Armut zu unterstützen.

Die Stiftung arbeitet in den Bereichen wirtschaftliche Entwicklung, Bildung und Gesundheit. Sie hat einen sehr kleinen Überbau, sodass wir das Geld nicht für Verwaltungskosten ausgeben, sondern um den Menschen zu helfen.

Im Moment geben wir zehn Prozent dort aus, wo wir zu Hause sind: Computer für die Schulen, Kindermannschaften in verschiedenen Sportarten, lokale Veranstaltungen und Hilfen für bedürftige Familien, nicht in Gestalt von Unterstützungszahlungen, sondern durch die Schaffung neuer Arbeitsplätze. Den Rest investieren wir im Ausland.

Unser wichtigstes Projekt ist im Augenblick die Förderung einer Gemeinde mit 2.000 Einwohnern in Mali, die bald völlig autark leben kann, mit Schulen, landwirtschaftlichen Betrieben, Krankenversorgung und Sportangeboten. Wie man sich vorstellen kann, bin ich mit Herzblut bei der Sache. Ich war persönlich in Mali, um das Dorf zu besuchen, und ich arbeite mit den Leuten dort zusammen, um auch meine Erfahrungen in die Realisierung dieses Projekts einzubringen, das ein Modell gesellschaftlicher Entwicklung werden soll. Gemeinschaften überall auf der Welt sollen die Chance bekommen, sich vor Ort zu entwickeln, hin zu Lebensbedingungen, die denen in fortgeschrittenen Ländern vergleichbar sind.

Ich habe viele gute Ratschläge bekommen. Bono von U2 hat mir gesagt: »Die Regierungen haben nicht genug Geld, um die humanitären Organisationen zu finanzieren. Die Unternehmer sind hier gefragt.«

Menschen wie Bono und Steve Jobs waren und sind Kommunikationsgenies, deshalb können sie so viel erreichen.

Und auch ich will meinen Teil dazu tun.

Ich träume davon, meinen »dummen« Beitrag zu leisten, um aus dieser Welt einen besseren Ort zu machen.

FAZIT:
ES GIBT KEIN HEILMITTEL
GEGEN DIE DUMMHEIT

Wenn die Werbekampagne *Be stupid* irgendwann endet, wird die Philosophie, die sie inspiriert hat, in der DNA von Diesel erhalten bleiben. Wir hören einfach nicht auf, immer wieder Neues auszuprobieren, zu experimentieren und Risiken einzugehen: Es ist in unserem Wesen verankert.

Als ich einige dieser Geschichten noch einmal las, wurde mir klar, dass dumm zu sein letztendlich doch etwas Gutes hat. Wie ein katastrophaler Urlaub in späteren Erzählungen zu einem schönen Abenteuer wird, so kann eine dumme Entscheidung plötzlich in der Rückschau wie eine gute Idee aussehen.

Eine zu Hause genähte Jeans kann einen Jungen dazu anspornen, besser zu werden. Ein zu großes Geschäft kann die Eigentümer dazu zwingen, mit einem neuen Verkaufsstil zu experimentieren. Eine Werbeagentur ohne jede Erfahrung kann eine Kampagne entwickeln, die den Blick auf die Mode revolutioniert. Ein unkonventionelles Sponsoring kann neue Talente hervorbringen. Und der spontane Kauf eines in die Jahre gekommenen Hotels kann zu einem einzigartigen Reiseerlebnis werden.

Eine weitere wichtige Lektion aus diesem Buch betrifft die Art, wie wir unsere Mitarbeiter auswählen. Wenn wir noch einmal zurückdenken, haben wir praktisch

196

nie einen Mitarbeiter auf konventionelle Art gewonnen. Oft holen wir sie aus einem Umfeld, in dem sie sich sicher fühlen, heraus und werfen sie ins kalte Wasser, nur um zu sehen, wie sie damit zurechtkommen. Natürlich führt ihre Unerfahrenheit dazu, dass sie die Dinge anders machen als wir. Und das Ergebnis ist oft verblüffend.

Dumm zu sein heißt, Chancen zu nutzen. Es heißt, die Möglichkeit des Scheiterns in Kauf zu nehmen, es heißt, ausgetretene Wege zu meiden, es heißt, die leise Stimme der Vernunft zu ignorieren und dem Ruf des Wahnsinns zu folgen.

Dumm zu sein heißt, die Verantwortung für das Risiko zu übernehmen. Ich hoffe, dass dieser kleine Ausschnitt meiner Geschichte aus Versuch und Irrtum Sie inspiriert hat. Auf gar keinen Fall wollte ich der Verantwortungslosigkeit das Wort reden: Dumm zu sein heißt nicht, ins offene Messer zu laufen, weder im wörtlichen noch im finanziellen Sinn. Ich möchte nur sagen, dass es nicht zu Innovationen führt, wenn man auf Sicherheit spielt – mit dem Risiko kommt auch der Fortschritt. Der Weg ist lang, und es gibt viele Möglichkeiten, kluge Entscheidungen zu treffen. Versuchen Sie, dies nicht zu tun.

Enjoy xxx,
RR

197

DANKSAGUNGEN

Ich möchte vor allem einigen Menschen danken, die dieses Buch überhaupt erst möglich gemacht haben: Professor Guido Corbetta dafür, dass er es übernommen hat, unvoreingenommen und wissenschaftlich exakt die Geschichte und die Abenteuer eines wirklich und wahrhaftig Dummen zu kommentieren, ohne mich auch nur zu kennen; Antonella Viero dafür, dass sie mir geholfen hat, meine Erinnerungen aufzufrischen, und sie in einem Stil niederzuschreiben, der dem Leser nahebringt, wie ich wirklich bin; meinem Sohn Stefano dafür, dass er dieses Projekt mit Leidschaft, Demut und echter Neugier koordiniert hat, dass er mehr über unsere Geschichte bis heute erfahren, verstehen und erklären wollte.

Und schließlich möchte ich allen danken, die ich in meinem Leben kennengelernt habe, die mich dazu angeregt haben, dumm zu sein, die mir erlaubt und mich dazu gebracht haben, dumme Entscheidungen zu treffen, und die in mir den ersten aller Narren haben sehen wollen.

For Successful Living,

Renzo Rosso

ANHANG: DIE ENGLISCHEN ORIGINAL-SLOGANS DER DIESEL-WERBEKAMPAGNE »BE STUPID«

01 Smart sees what there is. Stupid sees what there could be.
02 Smart critiques. Stupid creates.
03 If you've never done anything stupid, you've never done anything at all.
04 Smart listens to the head. Stupid listens to the heart.
05 Stupid might fail. Smart doesn't even try.
06 In stupid we trust.
07 Only the stupid can be truly brilliant.
08 Smart plans. Stupid improvises.
09 Smart may have the brains, but stupid has the balls.
10 Be stupid. There's no wrong way to do it.
11 Smart had one good idea, and that was stupid.
12 Smart says No. Stupid says Yes.
13 Are you smart enough to be stupid?
14 Stupid is trial and error. Mostly error.
15 Hello stupid. Goodbye pants.
16 Be stupid. You'll make more friends.
17 Be Stupid. You'll create more.
18 Be Stupid. You'll never want to be anywhere else.

Stupid is good for you

My stupid ideas

My stupid ideas

My stupid ideas